「十四五」國家重點出版物出版規劃項目

二〇二一—二〇三五年國家古籍工作規劃重點出版項目

中華古籍保護計劃

ZHONG HUA GU JI BAO HU JI HUA CHENG GUO

·成果·

國家珍貴古籍叢刊

元本論語集解

（三國魏）何晏 集解
（唐）陸德明 釋文

國家圖書館出版社

圖書在版編目（CIP）數據

元本論語集解 /（三國魏）何晏集解；（唐）陸德明釋文. -- 北京：國家圖書館出版社, 2024.12. --（國家珍貴古籍叢刊）.
ISBN 978-7-5013-8195-1

Ⅰ. B222.25

中國國家版本館CIP數據核字第2024CY5678號

書　　名　元本論語集解
著　　者　（三國魏）何　晏　集解　（唐）陸德明　釋文
叢 書 名　國家珍貴古籍叢刊
責任編輯　劉靜怡
封面設計　翁　涌

出版發行　國家圖書館出版社（北京市西城區文津街7號　100034）
（原書目文獻出版社　北京圖書館出版社）
010-66114536　63802249　nlcpress@nlc.cn（郵購）
網　　址　http://www.nlcpress.com
排　　版　愛圖工作室
印　　裝　北京金康利印刷有限公司
版次印次　2024年12月第1版　2024年12月第1次印刷

開　　本　710×1000　1/16
印　　張　16
書　　號　ISBN 978-7-5013-8195-1
定　　價　130.00圓

《國家珍貴古籍叢刊》編纂委員會

《國家珍貴古籍叢刊》前言

中國古代文獻典籍是中華民族創造的重要文明成果。這些典籍承載着中華五千年的悠久歷史，不僅是中華優秀傳統文化的重要載體之一，還是民族凝聚力和創造力的重要源泉，更是人類珍貴的文化遺産。

黨的十八大以來，以習近平總書記爲核心的黨中央站在實現中華民族偉大復興的戰略高度，對傳承和弘揚中華優秀傳統文化作出一系列重大决策部署。習近平總書記多次圍繞中華優秀傳統文化保護弘揚、挖掘闡發、傳播推廣、融合發展作出重要論述，强調『要加强對中華優秀傳統文化的挖掘和闡發』，讓『書寫在古籍裏的文字都活起來』。二〇二三年，習近平總書記在文化傳承發展座談會上强調，衹有全面深入瞭解中華文明的歷史，纔能更有效地推動中華優秀傳統文化創造性轉化、創新性發展，更有力地推進中國特色社會主義文化建設，建設中華民族現代文明。黨和國家的高度重視和大力支持，把中華珍貴典籍的保護和傳承工作推上了新的歷史高度。

保護好、傳承好、利用好這些文獻典籍，對於傳承和弘揚中華民族優秀傳統文化，維護國家統一和民族團結，推動社會主義文化大發展大繁榮，促進國際文化交流和構建人類命運共同體，都具有十分重要的意義。二〇〇七年，國家啓動了『中華古籍保護計劃』。該計劃在文化和旅游部領導下，由國家古籍保護中心負責實施，十餘年來，古籍保護成效顯著，在社會上産生了極大反響。迄今爲止，國務院先後公布了六批《國家珍貴古籍名録》，收録了全國各藏書機構及個人收藏的珍貴古籍一萬三千零二十六部。

爲深入挖掘這些寶貴的文化遺産，更好地傳承文明、服務社會，科學合理有效地解决古籍收藏與利用的矛盾，二〇二四年，國家古籍保護中心啓動《國家珍貴古籍叢刊》叢書項目。該項目入選《二〇二一—二〇三五年國家古籍工作規劃》重點出版項目，是貫徹落實新時代弘揚中華優秀傳統文化的重要舉措。

本《叢刊》作爲古籍數字化的有益補充，將深藏内閣大庫的善本古籍化身千百，普惠廣大讀者。根據『注重普及、體現價值、避免重複』的原則，從入選第一至六批《國家珍貴古籍名録》的典籍中遴選出『時代早、流傳少、價值高，經典性較强、流傳度較廣』的存世佳槧爲底本，尤其重視『尚未出版過的、版本極具特殊性的、内容膾炙人口的』善本。通過『平民化』的出版方式進行全文高精彩印，以合理的價格、上乘的印刷品質讓大衆看得到、買得起、用得上。旨在用大衆普及活化推廣方式出版國家珍貴古籍，讓這些沉睡在古籍中的文字重新焕發光彩，爲學術界、文化界乃至廣大讀者提供豐富的學術資料和閲讀享受，更爲廣大學者、古籍保護從業人員、古籍收藏愛好者從事學術研究、版本鑒定、保護收藏等提供一部極爲重要的工具書。

本《叢刊》由國家圖書館出版社出版，在編纂過程中，保持古籍的原貌，力求做到影印清晰、編排合理。本《叢刊》不僅全文再現古籍的内容，每部書還附一篇名家提要，爲研究古籍流傳、版本變遷、學術思想等内容，提供重要資料。通過本《叢刊》的出版，我們相信對於推動古籍整理與研究工作、傳承中華優秀傳統文化、增强民族文化自信具有重要意義，也將有助於更多的人瞭解和認識中華文化的博大精深，激發人們對傳統文化的熱愛與傳承意識，爲中華民族的偉大復興貢獻力量。

《國家珍貴古籍叢刊》項目啓動以來，得到專家學者的廣泛關注，以及全國各大圖書館的大力支持。同時，我們也期待更多的學者、專家及廣大讀者能够關注和支持古籍保護工作，共同爲傳承和弘揚中華優秀傳統文化而努力。

國家古籍保護中心

二〇二四年九月

《國家珍貴古籍叢刊》出版説明

爲更好地傳承文明，服務社會，科學合理有效地解决古籍收藏與利用的矛盾，國家古籍保護中心聯合全國古籍重點保護單位，開展《國家珍貴古籍叢刊》高精彩印出版項目，以促進古籍保護成果的揭示、整理與利用，加强古籍再生性保護和研究。

《叢刊》所選文獻按照『注重普及、體現價值、避免重複』的原則，遴選出『時代早、流傳少、價值高，經典性較强、流傳度較廣』的存世佳槧爲底本高精彩印。按經、史、子、集分類編排，所選每種書均單獨印行，分批陸續出版。各書延聘專家撰寫提要，介紹該文獻著者、基本内容及其學術價值、版本價值，同時説明入選《國家珍貴古籍名録》批次、名録號等；各書編有詳細目録、設置書眉，以便讀者檢索和閱讀；正文前列牌記展示該文獻館藏單位、版本情况和原書尺寸信息。

國家圖書館出版社

二〇二四年九月

（三國魏）何晏 集解
（唐）陸德明 釋文

論語集解

元相臺岳氏荆谿家塾刻本

據國家圖書館藏元相臺
岳氏荊谿家塾刻本影印
原書版框高二十一點四
厘米寬十三點七厘米

《論語集解》十卷，三國魏何晏集解，唐陸德明釋文。元相臺岳氏荆谿家塾刻本。此本入選第一批《國家珍貴古籍名録》（名録號〇〇三二六）。

《論語》爲儒家經典『十三經』之一。《漢書・藝文志》云：『《論語》者，孔子應答弟子、時人及弟子相與言而接聞於夫子之語也。當時弟子各有所記，夫子既卒，門人相與輯而論纂，故謂之《論語》。』全書以語録體爲主，近五百章。漢興，有《齊論》《魯論》二家之説，章句不同。魯恭王復從孔壁中得《古文論語》，篇次亦不同於齊、魯。漢靈帝時，安昌侯張禹將齊、魯二家文本融合爲一，篇目依《魯論》，凡二十篇，號曰『張侯論』，爲儒生所尊奉。漢末鄭玄參考齊、魯、古、張各家文本作注，是爲《論語》篇章字句之定本。兩漢經師訓解《論語》者有孔安國、包咸、周氏、馬融、鄭玄、陳群、王肅、周生烈等多家，所見不同，互有得失，何晏彙輯諸家之説，并下己意，編爲《論語集解》十卷。參與編撰者有孫邕、鄭冲、曹羲、荀顗四人，正始中上奏朝廷，盛行於世。

《論語集解》之有刻本，始於五代國子監，北宋真宗景德間及南宋高宗紹興間遞翻刻之，宋咸淳間廖瑩中世綵堂再雕，元代盱郡及相臺岳氏復從廖本摹刊。廖氏世綵堂所刻諸書，素爲世重，若《淳化閣帖》、韓柳集，精美無比，歷代寶之。其刻九經，據宋周密《癸辛雜識》『賈廖刊書』條載：

『廖群玉諸書……九經本最佳，凡以數十種比校，百餘人校正而後成，以撫州萆抄紙、油煙墨印造，其裝褫至以泥金爲籤。然或者惜其删落諸經注爲可惜耳，反不若韓、柳文爲精妙。』《志雅堂雜抄》卷一亦載：『（廖氏）開九經，凡用十餘本對定，各委本經人點對，又圈句讀，極其精妙。』故元盱郡及相臺岳氏雕九經據以覆刻。相臺岳氏，舊説俱以爲係岳飛之孫南宋岳珂。岳飛爲相州湯陰（今屬河南）人，相州有銅雀臺，故相州又稱相臺。岳珂所著書姓名上常冠以『相臺』二字，以表郡望。後經張政烺先生考證，始知相臺本群經乃元初義興（今江蘇宜興）岳浚所刻，與岳珂無關。岳浚附望岳飛，故亦自稱相臺岳氏。《中國版刻圖録》引鄭元祐《僑吴集·送岳山長序》云：『某嘗館於義興岳君德操長兄漢陽君之家，人言其完盛時，延致鉅儒，讎校群經鋟諸梓，號爲岳氏九經。』又萬曆《宜興縣志》：『岳浚字仲遠，飛九世孫。積書萬卷，一時名士多游其門。』此即岳氏刊刻九經之事。

此本每半葉八行十七字，耳題篇名，版心下有刻工姓名。序及每卷後有『相臺岳氏刻梓荆谿家塾』雙行牌記。《中國版刻圖録》引謝應芳《龜巢稿·跋岳氏族譜》云：『岳氏爲常之望族……岳王弟經略使之孫，自九江來居，由宋而元，子孫蕃衍。』可見岳氏遷居常州，至元初已歷數世。荆谿爲義興古名，元屬常州路，明、清屬常州府。常州岳氏當即義興岳氏，荆谿家塾亦即義興家塾。

岳氏《相臺書塾刊正九經三傳沿革例》云：

世所傳九經，自監、蜀、京、杭而下，有建安余氏、興國于氏二本，皆分句讀，稱爲善本。廖氏又以余氏不免誤舛，于氏未爲的當，合諸本參訂，爲最精。板行之初，天下寶之。流布未久，元板散落不復存。嘗博求諸藏書之家，凡聚數帙，僅成全書。懼其久而無傳也，爰仿成例，乃命良工刻梓家塾。如字畫，如注文，如音釋，如句讀，悉循其舊，且與明經老儒分卷校勘，而又證以許慎《説文》、毛晃《韻略》，非敢有所增損於前。偏旁必辯，圈點必校，不使有毫厘訛錯，視廖氏世綵堂本加詳焉。舊有《總例》，存以爲證。

據此可知，岳氏覆刊廖氏群經，遵循廖氏舊例，但并非完全忠於原本，而是作了精細校勘。與同出於廖本之盱郡刊本比較，兩本除牌記外，版式行款完全一致，字體風格亦高度相似。兩本僅有一處异文：卷四第二葉『子路曰子行三軍則誰與』下音釋，盱郡本作『與，如字，一音餘』，岳本作『與，如字，皇音餘』。宋刻本陸德明《經典釋文》此處文字作『誰與，如字，皇音餘』。張麗娟推測此處异文很可能就是岳本校刻時依據《經典釋文》而作的改動。除此之外，兩本均忠實翻刻原本。

此本鈐有『李國壽印』『晋府書畫之印』『陳定書印』『陳氏世寶』『季印振宜』『滄葦』『崑山徐氏家藏』，知曾經元人李國壽收藏，明代歸晋藩朱鍾鉉，明末歸江寧人陳定，入清經季振宜、徐乾學遞藏，轉入内府天禄琳琅，每册俱鈐有『天禄繼鑑』諸璽。《天禄琳琅書目後編》卷三著録。全書多葉潮濕霉爛，破損嚴重，已非天禄舊物原貌。雖然多有闕字，作爲天壤間孤本，其版本價值仍是不可替代的。兹影印行世，以供參考。（樊長遠）

目録

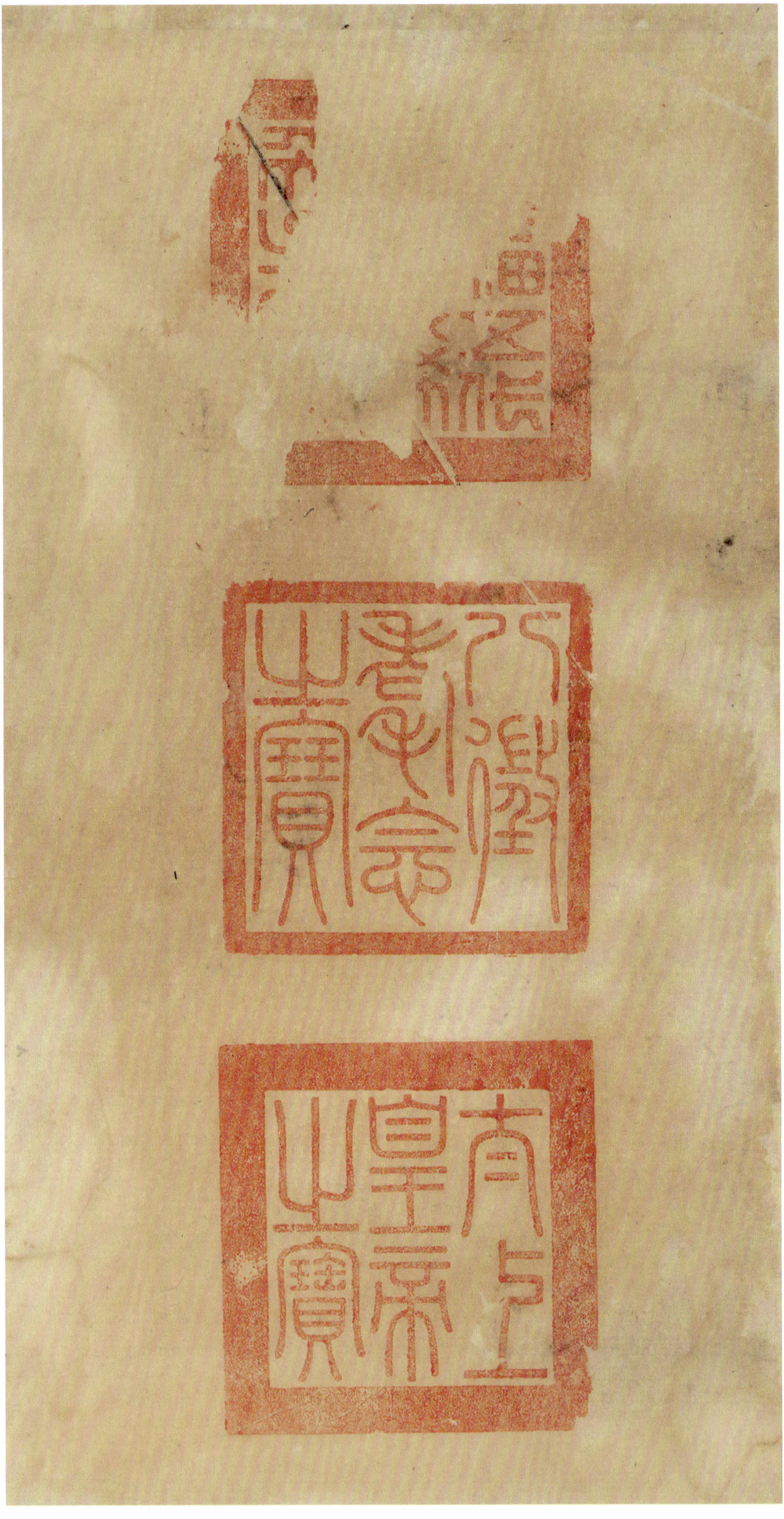
八徵耄念之寶
太上皇帝之寶

傳頁仁
及子玄成等
篇中字句頃

曾共七
皇

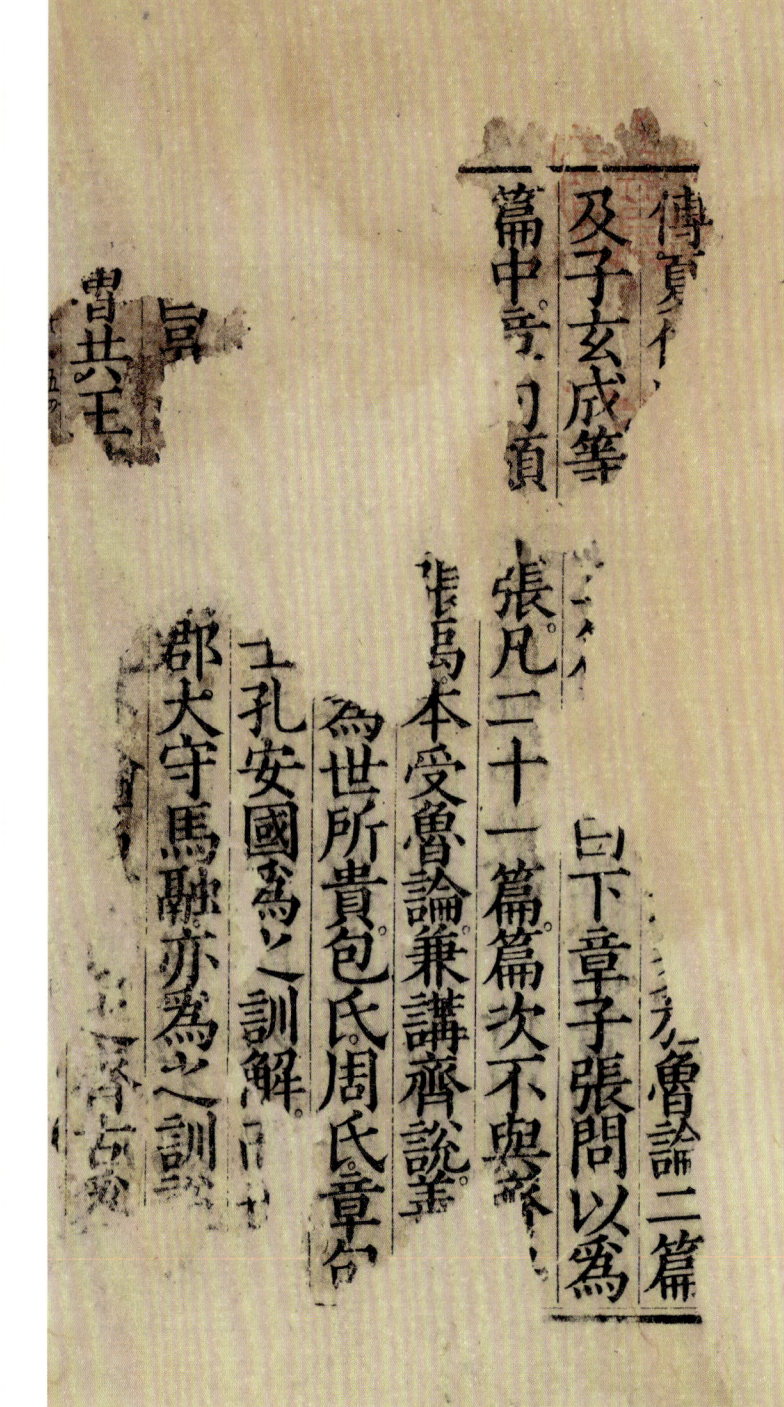

魯論二篇
曰下章子張問以爲
張凡二十一篇篇次不與齊
張禹本受魯論兼講齊說善
爲世所貴包氏周氏章句
孔安國爲之訓解
郡大守馬融亦爲之訓說

論語。(壞)音怪齊論有

古論亦無此

一篇有兩子

論同安昌侯

從之長、

出焉、

等、

尉劉向。(向)舒尚反(校)戶教反言魯

弟子記諸善言也、

刪將軍蕭望之丞相韋賢

齊論語二十二篇其二

者論琅邪王卿及膠

撥故有魯論有齊

壞孔子宅得古文

序 末

註　[illegible]常王肅博士周[illegible]
爲[illegible]受師說雖有異同不爲訓[illegible]
中間[illegible]至于今多矣所見不[illegible]
得失[illegible]善記其姓名有不安者[illegible]
爲改易名曰論語集解光祿大夫關內侯
孫邕光祿大夫臣鄭沖散騎常侍中領軍安
鄉亭侯臣曹[illegible]侍中臣荀顗尚書駙馬都尉
關內侯臣何晏等上

相臺岳氏刻梓荊谿家塾

序

論語卷第一

學而第一　　何晏集解

子曰學而時習之不亦說乎 馬曰子者男子之通稱謂孔子也王曰時者學者以時誦習之誦習以時學無廢業所以為說懌○(說)音悅下同(稱)去聲

有朋自遠方來不亦樂乎 包曰同門曰朋○(樂)音洛

人不知而不慍不亦君子乎 慍怒也凡人有所不知君子不怒○(慍)紆問反

有子曰其為人也孝弟而好犯上者鮮矣 孔曰弟子有若 鮮少也上謂凡在己上者言孝弟之人必恭順好欲犯其上者少也○(弟)

六計反(好)呼報反(鮮)仙善反下並同上而好作亂者未

之有也君子務本本立而道生本基也基立而後可大成

弟也者其爲仁之本與先能事父兄然後仁道可大成

音餘子曰巧言令色鮮矣仁包曰巧言好其語令色善其顏

皆欲令人之少仁曾子曰馬曰弟子曾參(參)所金反又七南反吾

日三省人謀而不忠乎與朋友交

不信乎傳乎言凡所傳之事得無素講習而傳之(三)息暫反

又如字(爲)僞又子曰道千乘之國馬曰道謂爲

學而

教。司馬法六[illegible]尺爲步。步百爲畝。畝百爲
三爲屋[illegible]夫十爲通。通十爲成。成
革車一[illegible]十乘之賦。其地千成。居地
三百一[illegible]有畸。唯公侯之封。乃能容
雖大[illegible]是過焉。包曰。道。治也。千
之國[illegible]古者井田。方里爲井。十
爲乘[illegible]千乘也。融依周禮。包依王
制孟子義[illegible]故兩存焉。○道音導。乘繩證反
封甫用反**敬事而信**包曰。爲國者舉事必
又如字　敬愼。與民必誠信

用而愛人包曰。節用不奢侈。國以民爲本。故愛養之。**使民以時**包曰。
作使民必以其時。不妨奪農務。**子曰。弟子入則孝。出則弟。謹**
而信。汎愛衆而親仁。[illegible]**行有余力。則以學文**馬曰。

文者。古之遺文。下孟反。下觀其行同。

子夏曰賢賢易色孔曰子夏。卜商也。言以好色之心好賢則善。易戶雅反事父母能竭其力。事君能致其身孔曰。盡忠節不愛其身與朋友交言而有信。雖曰未學。吾必謂之學矣。子曰。君子不重則不威學則不固。孔曰。固。蔽也。一曰。言人不能敦重。既無威嚴。學又不能堅固識其義理毋友不如己者。過則勿憚改。鄭曰。主也。○毋難反。

曾子曰。慎終追遠。民德歸厚矣。[慎]終者。喪盡其哀。追遠者。祭盡其敬。能行此二者。民化其德。皆歸

學而

於厚也

子禽問[illegible]子貢曰夫子至於是邦也必聞其政[illegible]之與抑與之與鄭曰子禽弟子陳亢也子貢弟子端木名[illegible]亢怪孔子所至之邦必與聞其政求[illegible]之邪[illegible]人君自願與之為治○與音[illegible]亢音抗必與音預[illegible]子貢曰夫子溫良恭儉讓以得之夫子之求之也其諸異乎人之求之與鄭曰言夫子行此五德而得之與人求之異明人君自與之

子曰父在觀其志父沒觀其行孔曰父在子不得自專故觀其志而已父沒乃觀其行三年無改於父之道可謂孝矣孔曰孝子在喪

哀慕猶若父存。無所改於父之道

有子曰：禮之用，和爲貴。先王之道斯爲美，小大由之。有所不行，知和而和，不以禮節之，亦不可行也。馬曰：人知禮貴和，而每事從[illegible]，不以禮爲節，亦不可行。

有子曰：信近於義，言可復也。覆也。義不必信，信非義也。以其[illegible]，故曰近義。恭近於禮，遠恥辱也。恭不合禮，非禮也。以其能遠恥辱，故曰近禮。○遠，于萬反。因不失其親，亦可宗也。孔曰：因，親也。言所親不失其親，亦可宗敬。

子曰：君子食無求飽，居無[illegible]鄭曰：學者之志有所不暇。敏於事而

學而

於言。就有道[而]正焉。可謂好學也已。孔曰。敏疾也。有道。有道德者。正。謂問事是非。○（好）呼報反。下同

子貢曰。貧而無諂。富而無驕。何如。子曰。可也。孔曰。未足多

未若貧而樂。富而好禮者也。鄭曰。樂。謂志於道。不以貧爲憂苦。○（樂）音洛

子貢曰。詩云。如切如磋。如琢如磨。其斯之謂與。孔曰。能貧而樂道。富而好禮者。能自切磋琢磨。○（磋）七多反（磨）末多反（與）音餘

子曰。賜也。始可與言詩已矣。告諸往而知來者。孔曰。諸。之也。子貢知引詩以成孔子義。善取類。故然之。往。告以貧而樂道。來。答以切磋琢磨

子

曰。不患人之不己知。患不知人也 王曰。徒患己之無能

爲政第二

子曰。爲政以德。譬如北辰居其所而衆星共之 包曰。德者無爲。猶北辰之不移。而衆星共之。○(共)求用反。鄭作拱。俱勇反 子曰。詩三百 孔曰。篇之大數 一言以蔽之 包曰。蔽猶當也 曰。思無邪 包曰。歸於正 子曰。道之以政 孔曰。政。謂法教。○(道)音導。下同 齊之以刑 馬曰。齊整之以刑罰 民免而無恥 孔曰。免。苟免 道之以德 包曰。德謂道德 齊之以禮。有恥且格 格。正也 子曰

吾十有五而志于學　三十而立有所成立　四十而不惑孔曰不疑惑　五十而知天命孔曰知天命之終始　六十而耳順鄭曰耳聞其言而知其微旨　七十而從心所欲不踰矩馬曰矩法也從心所欲無非法○(從)無音文公如字俗音縱非　孟懿子問孝孔曰魯大夫仲孫何忌懿謚也　子曰無違　樊遲御子告之曰孟孫問孝於我我對曰無違鄭曰恐孫不曉無違之意將問於樊遲故告之樊遲弟子樊須　樊遲曰何謂也子曰生事之以禮死葬之以禮祭之以禮　孟武伯

問孝。子曰。父母唯其疾之憂。馬曰。武伯。懿子之子仲孫彘。武謚也。言孝子不妄爲非。唯疾病然後使父母憂。子游問孝。孔曰。子游。弟子。姓言名偃。子曰。今之孝者。是謂能養。至於犬馬。皆能有養。不敬何以別乎。包曰。犬以守禦。馬以代勞。皆養人者。一曰。人之所養。乃至於犬馬。不敬則無以別。孟子曰。食而不愛。豕交之。愛而不敬。獸畜之。○（養）羊尚反（別）彼列反 子夏問孝。子曰。色難。包曰。色難者。謂承順父母顏爲難 有事弟子服其勞。有酒食先生饌。馬曰。先生。謂父兄。饌。飲食也。（食）音嗣（饌）士眷 曾是以爲孝乎。馬曰。孔子喻子夏服

爲政

勞先食。女謂□爲孝乎。未孝也。承順父母□色。乃爲孝也。○曾音增

子曰。吾與回言終日。不違如愚。孔曰。回。弟子。姓顏。名回。字子淵。魯人也。不違者。□□於孔子之言。□識之如愚。退而省其私。亦足以發。回也不愚。孔曰。察其退還。與二三子說釋道義。發明大體。知其不愚。

子曰。視其所以。以。用也。言視其所行用。觀其所由。由。經也。言觀其所經從。察其所安。人焉廋哉。人焉廋哉。孔曰。廋。匿也。言觀人終始。安所匿其情。○焉於虔反　廋所留反

子曰。溫故而知新。可以爲師矣。溫。尋也。尋繹故者。又知新者。可以爲師矣。

子曰。君子不器。

包曰器者各周其用至於君子無所不施子貢問君子子曰先行其言而後從之孔曰疾小人多言而行之不周子曰君子周而不比小人比而不周孔曰忠信為周阿黨為比○(比)毗志反下同子曰學而不思則罔包曰學不尋思其義則罔然無所得思而不學則殆不學而思終卒不得使人精神疲殆子曰攻乎異端斯害也已攻治也善道有統故殊塗而同歸異端不同歸也子曰由誨女知之乎孔曰弟子姓仲名由字子路○(女)音汝後可以意求之知之為知之不知為不知是知也子張學

干祿鄭曰。弟子顓孫。名師。字子張。干。求也。祿。祿位。子曰多聞闕疑愼言其餘則寡尤包曰。尤。過也。疑則闕之。其餘不疑。猶愼言之。則少過。多見闕殆愼行其餘則寡悔包曰。殆。危也。所見危者。闕而不行。則少悔。言寡尤行寡悔祿在其中矣鄭曰。言行如此。雖不得祿。亦同得祿之道。○(行)下孟反哀公問曰何爲則民服包曰。哀公。魯君謚。孔子對曰舉直錯諸枉則民服包曰。錯。置也。舉正直之人用之。廢置邪枉之人。則民服其上。○(錯)七路反舉枉錯諸直。則民不服季康子問使民敬忠以勸如之何孔曰魯卿季孫肥康謚子曰臨之以莊則敬包曰莊嚴也君臨民以嚴則民敬其上孝慈則忠包曰君能上孝於親下慈於民則民忠矣舉善而教不能則勸包曰舉用善人而教不能者則民勸勉或謂孔子曰子奚不爲政包曰或人以爲居位乃是爲政子曰書云孝乎惟孝友于兄弟施於有政是亦爲政奚其爲爲政包曰孝乎惟孝美大孝之辭友于兄弟善於兄弟施行也所行有政道即與爲政同子曰人而無信不知其可也孔曰言人而無信餘終無可無輗小車無軏其何以行之

爲政

哉包曰。大車牛車。輗者。轅端橫木。以縛軛。小車。駟馬車。軏者。轅端上曲鉤衡。○(輗)五兮反(軏)五忽反。又音月**子張問十世可知也**孔曰。文質禮變**子曰。殷因於夏禮所損益可知也周因於殷禮所損益可知也**馬曰。所因。謂三綱五常。所損益。謂文質三統**其或繼周者雖百世可知也**物類相召。勢數相生。其變有常。故可預知**子曰。非其鬼而祭之諂也**鄭曰。人神曰鬼。非其祖考而祭之者。是諂求福**見義不爲無勇也**孔曰。義所宜爲而不能爲。是無勇

論語卷第一

相臺岳氏刻梓荆谿家塾

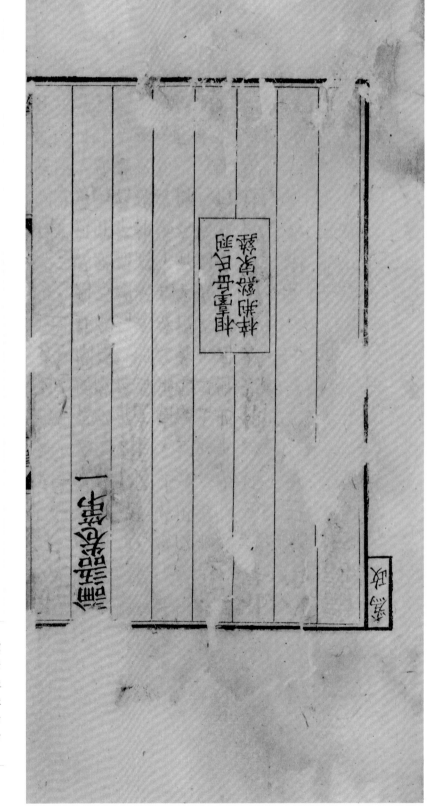

爲政

論語卷二

八佾第三

孔子謂季氏八佾舞於庭是可忍也孰不可忍也

曰孰誰佾列也天子八佾諸卿大夫四士二八人為列八八六十人魯以周公故受王者禮樂有八佾之桓子僭於其家廟舞之故孔子譏之。

逸

三家者以雍徹

馬曰三家謂仲孫叔孫孫雍周頌臣工篇名天祭於宗廟歌之以徹祭今三家亦作此樂。○（雍）於容反（徹）直列反

子曰相維辟公天子穆穆奚取於三家之堂

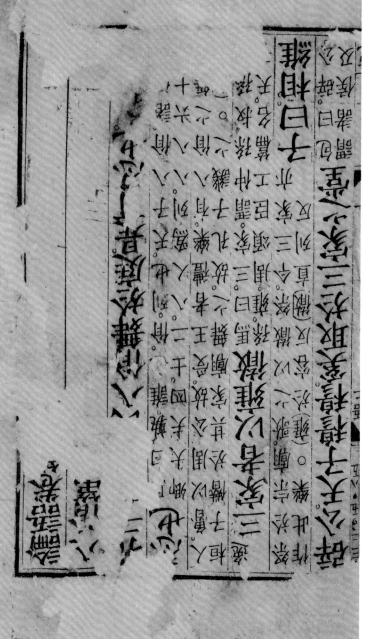

包曰辟公謂諸侯及

王之後。穆穆。天子之容貌。雍篇歌此者。有諸侯及二王之後來助祭故也。今三家但家臣而已。何取此義而作之於堂耶。○相息亮反 辟必亦反

子曰。人而不仁。如禮何。人而不仁。如樂何。包曰。言人而不仁。必不能行禮樂。

林放問禮之本。鄭曰。林放。魯人。子曰。大哉問。禮。與其奢也寧儉。喪與其易也寧戚。包曰。易。和易。言禮之本意失於奢。不如儉。喪失於和易。不如哀戚。○易以豉反

子曰。夷狄之有君。不如諸夏之亡也。包曰。諸夏。中國。亡。無也。○亡文公云。古無字

氏旅於泰山。子謂冉有曰。女弗能救與。旅。

八佾

名也。禮其封內者。今陪臣祭泰山。非禮有弟子冉求。時仕於季猶止也。（與）音餘對不能。子曰嗚呼曾謂泰山不如林放乎包曰。神不享非禮。林放尚知問泰山之神反不如林放邪。祭之。（曾）則登反。則也子曰君子無所爭必也射乎言於射而後有爭揖讓而升下而飲曰。射於堂下。皆揖讓相飲。（飲）於鴆反。又如字其爭也君子馬曰。多筭飲筭。君子之所爭子夏問曰巧笑倩兮美目盼兮素以爲絢兮何謂也馬曰。倩笑貌。盼動目貌。絢文貌。上二句在衛風碩人之二章。其下一句逸也。

倩七練反(盼)普莧反(絢)呼縣反 子曰繪事後素 鄭曰。繪。畫文也。凡繪畫先布衆色。然後以素分布其間。以成其文。喻美女雖有倩盼美質。亦須禮以成之。○(繪)胡對反 曰禮後乎 孔曰。孔子言繪事後素。子夏聞而解。知以素喻禮。故曰禮後乎 ○(解)音蟹 子曰起予者商也。始可與言詩已矣 予我也。孔子言子夏能發明我意。可與共言詩 子曰夏禮吾能言之。杞不足徵也。殷禮吾能言之。宋不足徵也 包曰。徵成也。杞宋國名。夏殷之後。夏殷之禮吾能說之。宋之君不足以成也 文獻不足故也。足則吾能徵之矣 鄭曰。獻猶賢也。我不以禮成之

者以此二章賢才[illegible]

子曰：禘自旣灌而往者，吾不欲觀之[illegible]。孔曰：禘祫之禮，爲序昭穆，故毁廟之主及羣廟之主皆合食於大祖[illegible]酌鬱鬯灌於大祖，以降神[illegible]旣灌之後，別尊卑，序昭穆，而魯逆祀躋[illegible]亂昭穆，故不欲觀之[illegible]

或問禘之說。子曰：不知也。孔曰：答以不[illegible]者，爲魯諱。知其說者之於天下也，其如示諸[illegible]指其掌。包曰：孔子謂或人言知禘禮之說者，於天下之事，如指示掌中之物，言其易了。

祭如在，孔曰：言事死如事生。祭神如神在。孔曰：謂祭百神。子曰：吾不與祭，如不祭。包曰：孔子或出或病，而不自親祭，使攝者爲之[illegible]

不致肅敬於心。與不亦同。○不(與)音預王孫賈問曰與其媚於奧寧媚於竈何謂也孔曰。王孫賈。衛大夫。奧。內也。以喻近臣。竈以喻執政。賈。執政者。欲使孔子求昵之。微以世俗之言感動之子曰不然獲罪於天無所禱也孔曰。天以喻君。孔子拒之。如獲罪於天。無所禱於

子曰周監於二代郁郁乎文哉吾從周也。言周文章備於二代。當從之。○(監)工暫反

子入大廟包曰。大廟。周公廟。孔子仕魯。魯公。而助祭也。○(大)下同每事問或曰孰謂鄹人之子知□入大廟每事問孔曰。鄹。孔子父叔梁紇所

治邑。時 ……子知禮。或人以爲知禮子
者不…… 鄹側留反。邑名。紇恨沒反
聞之曰是禮……孔曰。雖知之。當 **子曰射不主**
復問。慎之至也
皮 馬曰。射有五善焉。一曰和。志體和。二曰和容。有容儀。三曰主皮。能中質。四曰和頌。
雅頌。五曰興武。與舞同。天子三侯。以熊虎皮爲之。言射者不但以中皮爲善。亦兼取
容也 **爲力不同科古之道也** 馬曰。爲力。力役之事。亦有上中下
三科焉。故曰不同科。爲文公去聲 **子貢欲去告朔之餼羊** 曰
牲生曰餼。禮。人君每月告朔於廟。有祭。謂之朝享。魯自文公始不視朔。子貢見其禮廢。故
欲去其羊。去上聲 告古篤反。餼許氣反 **子曰賜也爾愛其羊我**

愛其禮包曰羊存猶以識其禮羊亡禮遂廢子曰事君盡禮人以爲諂也孔曰時事君者多無禮故以有禮者爲諂○(盡)津忍反定公問君使臣臣事君如之何孔曰定公魯君謚時臣失禮定公患之故問之孔子對曰君使臣以禮臣事君以忠子曰關雎樂而不淫哀而不傷孔曰樂不至淫哀不至傷言其和也○(樂)文公音洛哀公問社於宰我宰我對曰夏后氏以松殷人以柏周人以栗曰使民戰栗孔曰凡建邦立社各以其土所宜之木宰我不本其意妄爲之說因周用栗便云使民戰栗

八佾

子聞之曰成

包曰事口不可復諫

[illegible]

包曰事已成不可復解說遂事不諫

既往不咎包曰事已往不可復追咎孔子非宰我故

子曰管仲之器小哉

曰管仲儉乎包曰或人見孔子小之以爲謂之大儉○（大）音泰曰

氏有三歸官事不攝焉得儉包曰三歸娶三姓女婦人謂嫁曰歸攝猶兼也禮國君事大官各有人大夫兼并今管仲家臣備職非爲儉○（焉）於虔反

然則管仲知禮乎包曰或人以儉問故荅以安得儉或人聞不儉便謂爲知禮

曰邦君樹塞門管氏亦樹塞門邦君爲

邦君之好有反坫管氏亦有反坫鄭曰。反坫反爵之坫在兩楹之間。人君別內外。於門樹屏以蔽之。若與鄰國為好會。其獻酢之禮。更酌。酌畢則各反爵於坫上。今管仲皆僭為之。如是是不知禮。○(為)于偽反。又如字(好)呼報反(坫)丁念反

管氏而知禮。孰不知禮。子語魯大師樂[illegible]魚據反[illegible]泰[illegible]

樂其可知也。始作翕如也。大師。樂官名。五音始奏。翕如盛[illegible]也從之純如也。從讀曰縱。言五音既發。放縱盡其音聲。純純和[illegible]也皦如也。言其音節明也。○(從)[illegible]用反(皦)古了反繹如也。以成。縱之[illegible]純如皦如繹如。言樂始作翕[illegible]而成於三者

儀封人請

見鄭曰儀蓋衛邑封人官名○見賢遍反曰君子之至於斯也吾未嘗不得見也從者見之包曰從者弟子隨孔子行者通使得見○從才用反見之文公賢遍反出曰二三子何患於喪乎天下之無道也久矣孔曰語諸弟子言患於夫子聖德也喪亡邪天下之無道也久矣極衰必盛○喪息浪反天將以夫子爲木鐸孔曰木鐸施政教時所振也言天將命孔子制作法度以號令於天下子謂韶盡美矣又盡善也孔曰韶舜樂名謂以聖德受禪故盡善○盡津謂武盡美矣未盡善也孔曰武武王樂也以征伐取天下故

盡

子曰。居上不寬。爲禮不敬。臨喪不哀。吾何以觀之哉

里仁第四

子曰。里仁爲美。鄭曰。里者人之所居。居於仁者之里。是爲美。擇不處仁。焉得知。鄭曰。求居而不處仁者之里。不得爲有知。○處昌呂反。焉於虔反。者同。知音智。下同。子曰。不仁者不可以久處約。孔曰。久困則爲非。不可以長處樂。孔曰。必驕佚。○樂音洛。仁者安仁。包曰。唯性仁者。自然體之。故謂安仁。知者利仁。王曰。知仁爲美。故利

而行之

子曰唯仁者能好人能惡人孔曰唯仁者能審人之好惡。好呼報反惡烏路反下之所惡同

子曰苟志於仁矣無惡也孔曰苟誠也言誠能志於仁則其餘終無惡。惡如字又烏

富與貴是人之所欲也不以其道得之孔曰不以其道得富貴則仁者不處貧與賤是人之所

不以其道得之不去也時有否泰故君子道而反貧賤此則以其道而得之雖是人之所惡不可違而去之

君子去仁惡乎成名孔曰惡乎成名者不得成名爲君子。惡音烏

君子無終食之間違

之。造次必於是顛沛必於是 馬曰。造次。急遽。顛沛。偃仆。雖急遽偃仆不違仁。(造)七報反(沛)音貝 子曰我未見好仁者惡不仁者好仁者無以尚之 孔曰。難復加也。(好)呼報反(惡)烏路反。[illegible]及注同 惡不仁者其爲仁矣不使不仁者[illegible]其身 孔曰。言惡不仁者。能使不仁者不[illegible]義於己。不如好仁者無以尚之[illegible] 有能一日用其力於仁矣乎我未見力不足者 孔曰。言人無能一日用其力脩仁者耳。我未見欲爲仁而力不足者 蓋有之矣我未之見也 孔曰。謙不欲盡誣時人言不能爲仁。故云爲能有耳。我未

之見

子曰。人之過也。各於其黨。觀過斯知仁矣。孔曰。黨。黨類。小人不能為君子之行。非小人之過。當恕而勿責之。觀過使賢愚各當其所。則為仁矣。

子曰。朝聞道。夕死可矣。言將至死。不聞世之有道。

子曰。士志於道。而恥惡衣惡食者。未足與議也。

子曰。君子之於天下也。無適也。無莫也。義之與比。（適）丁歷反。（莫）武博反。鄭音慕。無所貪慕也。（比）毗志反。

子曰。君子懷德。孔曰。懷。安也。小人懷土。孔曰。重遷。君子懷刑。孔曰。安於法。小人懷惠。包曰。惠。恩惠。

子曰。放於利而行。孔曰。放。依也

行。○（放）方往反 多怨 孔曰：取怨之道 子曰能以禮讓爲國乎
何有 何有者言不難也 不能以禮讓爲國
如禮何 包曰：如禮何者言不能用禮 子曰不患無位患所以
立不患莫己知求爲可知也 包曰：求善道而學行之則人知
己 子曰參乎吾道一以貫之曾子曰唯 [illegible]曉
不問故答曰唯○（參）所金反 子出門人問曰何謂也曾子
曰夫子之道忠恕而已矣 忠以事上恕以接下。本一而已其唯
人也 子曰君子喻於義小人喻於利 孔曰：喻猶曉也 子

曰見賢思齊焉包曰思與賢者等見不賢而內自省也子曰事父母幾諫包曰幾者微也當微諫納善言於父母見志不從又敬不違勞而不怨包曰見志見父母志有不從己諫之色則又當恭敬不敢違父母意而遂己之諫子曰父母[在不遠]遊遊必有方鄭曰方猶常也子曰三年無改於道可謂孝矣鄭曰孝子在喪哀慼思慕無改於父之道非心所忍爲[此]此章與學而篇同當是重出學而是孔注今此是鄭注本或二處皆有集解或有無者子曰父母之年不可不知也一則以喜一則以

懼孔曰見其壽考則喜見其衰老則懼子曰古者言之不出恥躬之不逮也包曰古人之言不妄出口爲身行之將不及○(爲)于僞反子曰以約失之者鮮矣孔曰俱不得中奢則驕佚招禍儉約無憂患(鮮)仙善反子曰君子欲訥於言而敏於行包曰言欲遲而行欲疾○(行)下孟反下同子曰德不孤必有鄰同志相求故必有鄰是以不孤子游曰事君數斯辱矣朋友數斯疏矣數謂速數之數○(數)色角反

論語卷第二

論語卷第三

公冶長第五

公冶長可妻也。雖在縲絏之中。非其罪孔曰。冶長。弟子。魯人也。姓公冶。名長。縲。黑索。絏。攣也也。以其子妻之拘罪人。○冶音也。妻七細反。下同。縲力追反。絏息列反子謂南容

邦有道不廢。邦無道。免於刑戮。以其兄之子妻之王曰。南容。弟子南宮縚。魯人也。字子容。不廢。言見用子謂子賤孔曰。子賤。魯人。弟子宓不齊君子哉若人。魯無君子者。斯焉取斯

句曰。若人者。若此人也。如魯無君子。子賤安得此行而學行之。○(焉)於虔反。此(行)下孟反

子貢問曰賜也何如子曰女器也孔曰。言女器用之人

曰何器也曰瑚璉也包曰。瑚璉。黍稷之器。夏曰瑚。殷曰璉。周曰簠簋。宗廟之器貴者○(璉)力展反

或曰雍也仁而不佞馬弟弓名姓冉

子曰焉用佞禦人以口給屢憎於人

焉用佞孔曰。屢。數也。佞人口辭捷給數為人所憎惡。○(焉)於虔反

(禦)呂反

子使漆彫開仕對曰吾斯之未能信孔曰。開。弟子姓漆彫名開。仕進之道。未能信者。未能究習

子說鄭曰。善其志道深。○(說)音

悅

子曰道不行乘桴浮于海從我者其由與馬曰。桴編竹木。大者曰栰。小者曰桴。○(桴)芳符反(從)文公去聲子路聞之喜曰。喜與己俱行子曰由也好勇過我無所取材鄭曰。子路信夫子欲行。故言好勇過我。無所取材者。無所取於桴材。以子路不解微言。故戲之耳。一曰。子路聞孔子欲浮海。便喜。不復顧故孔子歎其勇曰過我。無所取哉。言唯己。古字材哉同。○(好)呼報反。下同孟武伯問子路仁乎子

曰不知也孔曰。仁道至大。不可全名又問子曰由也千乘之國可使治其賦也孔曰。賦。兵賦不知其仁也求也

何如。子曰。求也。千室之邑。百乘之家。可使爲之宰也。孔曰。千室之邑。卿大夫之邑。卿大夫稱家。諸侯千乘。大夫百乘。宰。家臣。不知其仁也。赤也何如。子曰。赤也。束帶立於朝。可使與賓客言也。馬曰。赤。弟子公西華。有容儀。可使爲行人。不知其仁也。子謂子貢曰。女與回也孰愈。孔曰。愈猶勝也。對曰。賜也何敢望回。回也聞一以知十。賜也聞一以知二。子曰。弗如也。吾與女弗如也。包曰。既然子貢不如。復云吾與女俱不如者。蓋欲以慰子貢也。○（女）音汝。宰予晝寢。包曰。宰子。弟子宰我。○(予)羊汝反。或音餘 子曰。朽木不可彫也。包曰。朽。腐也。彫。彫琢刻畫 糞土之牆不可圬也。王曰。圬。鏝也。此二者喻雖施功猶不成也。○(圬)音烏 於予與何誅。孔曰。誅。責也。今我當何責於女乎。深責之。○(與)音餘。下同 子曰。始吾於人也。聽其言而信其行。今吾於人也。聽其言而觀其行。於予與改是。孔曰。改是聽言信行。更察言觀行。發於宰我之畫寢。○(行)下孟反 子曰。吾未見剛者。或對曰。申棖。包曰。申棖。魯人。○(棖)直庚反 子曰。棖也慾。焉得剛。孔曰。慾。多情慾 子貢曰。我不欲人之加諸我也。吾亦欲無加諸人。馬曰。加。陵也。子曰。賜也。非爾所及也。孔曰。言不能止人。使不加非義於己。子貢曰。夫子之文章。可得而聞也。章。明也。文彩形質著見。可以耳目循。夫子之言性與天道。不可得而聞也。性者。以生也。天道者。元亨日新之道。深微。故不可得而聞也。子路有聞。能行。唯恐有聞。孔曰。前所聞未及行。故恐後有聞不得竝行。子貢問曰。孔文子何以謂之文也。孔曰。孔文子。衛大夫孔圉。文。謚也。子曰。敏而好學。不恥下問。是以謂之文也。

孔曰。敏者。識之疾也。下問。謂凡在己下者。子謂子產有君子之道四焉。孔曰。子產。鄭大夫公孫僑。其行己也恭。其事上也敬。其養民也惠。其使民也義。子曰。晏平仲善與人交。久而敬之。周曰。齊大夫。晏姓。平。謚。名嬰。子曰。臧文仲居蔡。包曰。臧文仲。魯大夫臧孫辰。文。謚也。蔡。國君之守龜。出蔡地。因以爲名焉。長尺有二寸。居蔡。僭也。山節藻梲。包曰。節者。栭也。刻鏤爲山。梲者。梁上楹。畫爲藻文。言其奢侈。○（梲）章悅反何如其知也。孔曰。非時人謂之爲知。○（知）音智。下同。子張問曰。令尹子文。孔曰。令尹子文。楚大夫。姓鬬。名穀。字於菟。

○(穀)奴斗反(於)音烏(菟)音塗三仕爲令尹無喜色三巳之無慍色舊令尹之政必以告新令尹何如子曰忠矣曰仁矣乎曰未知焉得仁但聞其忠事未知其仁也○(慍)紆問反(知)如字鄭音智注及下同(焉)於虔反下同崔子弑齊君陳文子有馬十乘棄而違之孔曰皆齊大夫崔杼作亂陳文子惡之捐其四十匹馬違而去之○(乘)繩證反至於他邦則曰猶吾大夫崔子也違之之一邦則又曰猶吾大夫崔子也違之何如子曰清矣曰仁矣乎曰未

知焉得仁（孔曰。文子避惡逆。去無道。求有道。當春秋時。臣陵其君。皆如崔子。無有止者。辟音避）季文子三思而後行。子聞之。曰再斯可矣（鄭曰。季文子。魯大夫季孫行父。文。謚也。文子忠而有賢行。其舉事寡過。不必乃三思。○(三)息暫反。又如字）子曰甯武子（馬曰。衛大夫甯俞。武。謚也）邦有道則知。邦無道則愚。其知可及也。其[illegible]不可及也（孔曰。佯愚似實。故曰不可及也。○(知)音智。下同）子在陳曰歸與歸與。吾黨之小子狂簡。斐然成章。不知所以裁之（孔曰。簡。大也。孔子在陳。思歸欲去。故曰。吾黨之小子。狂者進取於大道。妄

作穿鑿。以成文章。不知所以裁制。我當歸以裁之耳。遂歸。○與音餘 斐芳匪反子曰

伯夷叔齊不念舊惡怨是用希孔曰。伯夷叔齊。孤竹君之二子。孤竹。國名子曰孰謂微生高直孔曰。微生。姓名高。魯人也或

乞醯焉乞諸其鄰而與之孔曰。乞之四鄰。以應求者。用曲意非爲直人。醯。醋也子曰巧言令色足恭孔曰。足恭便辟貌。○足將樹反。又如字左丘明恥之丘亦恥之孔曰。左丘明。魯大史匿

怨而友其人孔曰。心內相怨而外詐親左丘明恥之丘亦恥之顏淵季路侍子曰盍各言爾志子路曰。

願車馬衣輕裘與朋友共敝之而無憾孔曰憾恨也。(盍)戶臘反(衣)文公夫聲顏淵曰願無伐善孔曰不自稱己之善無施勞孔曰不以勞事置施於人子路曰願聞子之志子曰老者安之朋友信之少者懷之孔曰懷歸也。照反子曰已矣乎吾未見能見其過而內者也包曰訟猶責也言人有過莫能自責子曰十室之邑必有忠信如丘者焉不如丘之好學也(焉)如字

雍也第六

子曰。雍也可使南面。包曰。可使南面者。言任諸侯治。仲弓問子桑伯子。王曰。伯子。書傳無見焉。○桑子郎反。鄭云秦大夫。子曰。可也簡。孔曰。以其能簡。故曰可也。仲弓曰。居敬而行簡。以臨其民。不亦可乎。居身敬肅。臨下寬略。則可。○行下孟反。又如字。下同。居簡而行簡。無乃大簡乎。包曰。伯子之簡。大簡。○大音泰。子曰。雍之言然。哀公問弟子孰爲好學。孔子對曰。有顔回者好學。不遷怒。不貳過。不幸短命死矣。今也則亡。未聞好學者也。凡人任情。喜怒違理。顔回任道。

怒不過分。遷者移也。怒當其理。不移易也。不貳過者。有不善未嘗復行。○好呼報反 亡文公與同

子華使於齊。冉子為其母請粟。子曰。與之釜。馬曰。子華。弟子公西華。赤之字。六斗四升曰釜。○使所吏反 為于偽反 釜音父

請益。曰。與之庾。包曰。十六斗曰庾。○庾俞甫反

冉子與之粟五秉。馬曰。十六斛曰秉。五秉合為八十斛

子曰。赤之適齊也。乘肥馬。衣輕裘。吾聞之也。君子周急不繼富。非冉有與之太多。○衣於既反

原思為之宰。包曰。弟子原思。字也。孔子為魯司寇。以原思為家邑宰

與之粟九百。辭。孔曰。九百。九百斗。辭。辭讓不受

子曰。毋孔曰。祿法所得。當受無讓以與爾鄰里鄉黨乎鄭曰。五家爲鄰。五鄰爲里。萬二千五百家爲鄉。五百家爲黨子謂仲弓曰。牛之子騂且角。雖欲勿用。山川其舍諸犂。雜文。騂赤色。角者角周正。中犧牲。雖欲以其所生犂而不用。山川寧肯舍之乎。言父雖不善。不害於子之美。（犂）利之反（騂）息營反（舍）音捨子曰。回也其心三月不三。其餘則日月至焉而已矣餘人暫有至仁時。唯回移不變季康子問仲由可使從政也與。子曰。由也果包曰。果。謂果敢決斷。（與）音餘。下同於從政乎何有。曰。賜也可使從政也與。曰。賜也達孔曰。達。謂通於物理於從政乎何有。曰。求也可使從政也與。曰。求也藝藝。謂藝於從政乎何有。季氏使閔子騫爲費宰孔曰。費。季氏邑。季氏不臣。而其邑宰數畔。聞子騫賢。故欲用之。○費音祕閔子騫曰。善爲我辭焉使者善爲我作辭孔曰。不欲爲季不復召我。○爲于僞反。復扶又反如有復我者孔曰。復我者重來召我則吾必在汶上矣孔曰。去之汶水上。欲北如齊伯牛有疾馬曰。伯牛。弟子冉耕子問之。自牖執其手包曰。牛有疾。不欲見人

故孔子從牖執其手。牖由久反曰亡之孔曰。亡。喪也。疾甚故持其手曰喪之

命矣夫斯人也而有斯疾也斯人也而有斯

疾也包曰。再言之者。痛惜之甚子曰賢哉回也一簞食一

瓢飲。孔曰。簞。笥也食音嗣在陋巷人不堪其憂

不改其樂賢哉回也孔曰。顏淵樂道。雖簞[illegible]在陋巷。不改其所

樂樂音洛冉求曰非不說子之道力不足也子

[illegible]足者中道而廢今女畫孔曰。畫。止也。力不足者當

中道而廢。今女自止耳。非力極也。說音

悅中如字。一音丁仲反女音汝。下竝同子

雍也

謂子夏曰。女爲君子儒。無爲小人儒。孔曰。君子爲儒。明道。小人則矜其名。子游爲武城宰。包曰。武城。魯下邑。子曰。女得人焉耳乎。孔曰。焉耳乎。皆助辭。曰。有澹臺滅明者。行不由徑。非公事。未嘗至於偃之室也。澹臺。姓。滅明。名。字子羽。言其公且方。○澹徒甘反。子曰。孟之反不伐。孔曰。魯大夫孟之側。與齊戰。軍大敗。不伐者。不自伐其功。奔而殿。將入門。策其馬曰。非敢後也。馬不進也。馬曰。殿在軍後。前曰啓。後曰殿。孟之反賢而有勇。軍大奔。獨在後爲殿。人迎功之。不欲獨有其名。曰。我非敢在後拒

敵。馬不能前進　子曰。不有祝鮀之佞。而有宋
○(殿)都練反
朝之美。難乎免於今之世矣　孔曰。佞。口才也。祝鮀。衛大夫子魚也。時世貴之。宋朝。宋之美人而善淫。言當如祝鮀之佞。而反如宋朝之美。難乎免於今之世害也。○(鮀)徒多反(朝)張遥反　子曰。誰能出不由戶。何莫由斯道也　孔曰。言人立身成功當由道。譬猶出入要當從戶　子曰。質勝文則野　包曰。野。如野人。言鄙略也　文勝質則史　包曰。史者。文多而少　文質彬彬。然後君子　包曰。彬彬。文質相半之皃　子曰。人之生也直　馬曰。言人所生於世而自終者。以其正直也　罔之生

也幸而免包曰誣罔正直之道而亦生者是幸而免子曰知之者好之者好之者不如樂之者包曰學問知之者不如好之者篤好之者不如樂之者深○好呼報反下同樂音洛子曰中人以上可以語上也中人以下不可以語上也王曰上謂上知之所知也兩舉中人以其可上可下○以上時掌反語魚據反上知音智樊遲問知子曰務民之義王曰務所以化道民之義○知音智下章同敬鬼神而遠之可謂知矣包曰敬鬼神而不黷○遠于萬反問仁曰仁者先難而後獲可謂仁矣孔曰先勞

苦乃後得功此所以爲仁子曰。知者樂水包曰。知者樂運其才知以治世如水流而不知已。○樂音岳。又五孝反。下同。文公五教反。下同仁者樂山仁者樂如山之安固。自然不動而萬物生焉知者動包曰。日進故動仁者孔曰。無欲故靜知者樂鄭曰。知者自役。得其志。故樂。○樂五孝反。文公音者壽包曰。性靜者多壽考子曰。齊一變至於魯。魯一變

至於道包曰。言齊魯有太公周公之餘化。太公大賢。周公聖人。今其政教雖衰。若有明君興之。齊可使如魯。魯可使如大道行之時子曰。觚不觚馬曰。觚。禮器。一升曰爵。二升曰觚。○觚音孤觚哉觚哉觚哉觚哉。言非觚也。以喻爲政

雍也

不得其道則不成宰我問曰。仁者雖告之曰。井有仁焉。從之也孔曰。宰我以仁者必濟人於患難。故問有仁人隋井。將自投下。出之不乎。欲極觀仁者憂樂之所至子曰。何爲其然也。君子可逝也。不可陷也包曰。逝。往也。言君子可使往視之耳。不肯自投從可欺也。不可罔也馬曰。可欺者。可使往也。可罔者。不可得誣罔令自投下子曰。君子博學於文。約之以禮。亦可以畔矣夫鄭曰。弗畔。不違道子見南子。子路不説。夫子矢之曰。予所否者。天厭之。天厭之孔曰。舊以南子者。衛靈公夫人。淫亂。靈公惑之。孔子見之者。欲因以説靈公使行治道。矢。誓也。子路不説。故夫子誓之。行道既非婦人之事。而弟子不説。與之呪誓。義可疑焉。○(説)音悦(否)方有反。不王李備鄙反(厭)於琰反。文於豔反。以(説)始鋭反

子曰。中庸之爲德也。其至矣乎。民鮮久矣。

庸。常也。中和可常行之德。世亂。先王之道廢。民鮮能行此道久矣。非適今。○(鮮)仙善反

子貢曰。如有博施於民。而能濟衆。何如。可謂仁乎。子曰。何事於仁。必也聖乎。堯舜其猶病諸。

孔曰。君能廣施恩惠。濟民於患難。堯舜至聖。猶病其難。○(施)始豉反

夫仁者。己欲立而立人。己欲達

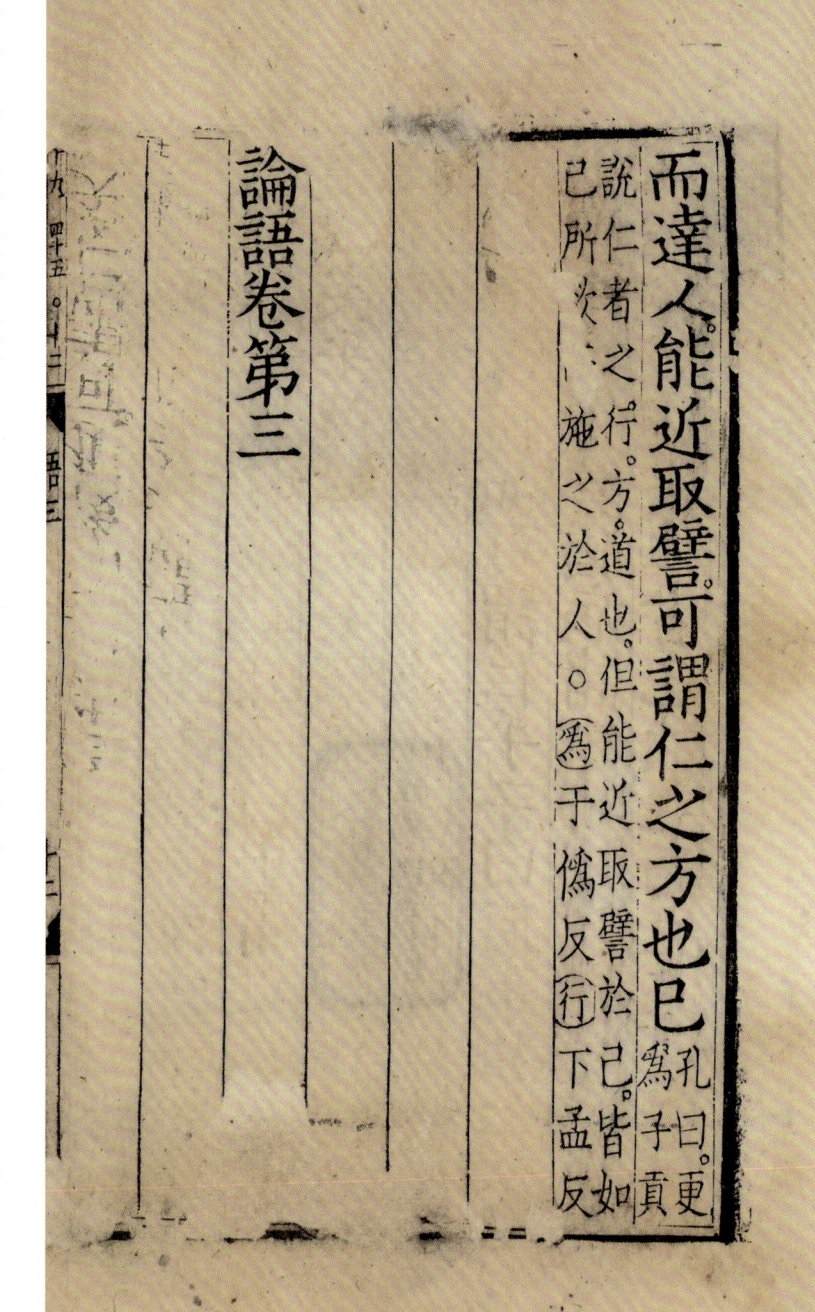

而達人。能近取譬。可謂仁之方也已孔曰。更爲子貢說仁者之行。方。道也。但能近取譬於己。皆如己所欲。施之於人。○爲于僞反行下孟反

論語卷第三

雍也

相臺岳氏刻梓荊谿家塾

論語卷第四

述而第七

子曰述而不作信而好古竊比於我老彭包曰老彭殷賢大夫好述古事我若老彭但述之耳○好呼報反老彭案大戴禮云商老彭是也鄭云老老聃彭彭祖子曰默而識之學而不厭誨人不倦何有於我哉鄭曰人無是行於我獨有之○識文公音志又如字倦其卷反行下孟反子曰德之不脩學之不講聞義不能徙不善不能改是吾憂也孔曰夫子常以此四者為憂

子之燕居申申如也夭夭如也馬曰申申夭夭和舒之貌○(夭)於驕反

子曰甚矣吾衰也久矣吾不復夢見周公孔曰孔子衰老不復夢見周公明盛時夢見周公欲行其道○(復)扶又反註同

子曰志於道志慕也道不可體故志之而已據於德據杖也德有成形故可據依於仁依倚也仁者功施於人故可倚遊於藝藝六藝也不足據依故曰遊

子曰自行束脩以上吾未嘗無誨焉孔曰言人能奉禮自行束脩以上則皆教誨之

子曰不憤不啓不悱不發舉一隅不以三隅反則不復也鄭曰孔子與人

言。必待其人心憤憤。口悱悱。乃後啓發。爲說之如此。則識思之深也。說則舉一隅以語之。其人不思其類。則不復重教之也。○（憤）房粉反（悱）芳匪反（復）文公扶又反

子食於有喪者之側未嘗飽也喪者哀戚。飽食於其側。是無惻隱之心

子於是日哭則不歌一日之中。或哭或歌。是褻於禮容

子謂顏淵曰用之則行舍之則藏唯我與爾有是夫孔曰。言可行則行。可止則止。唯我與顏淵同。○（舍）音捨。止也。一音捨。放也。文公上去（夫）音符

子路曰子行三軍則誰與孔曰。大國三軍。子路見孔子獨美顏淵。以爲己勇。至於夫子爲三軍將。亦當誰與己同。故發此問。○（與）如字。皇音餘

子曰暴虎馮河死而無悔者吾不與也孔曰暴虎徒搏馮河徒涉○（馮）皮冰反必也臨事而懼好謀而成者也○（好）呼報反下同子曰富而可求也雖執鞭之士吾亦爲之鄭曰富貴不可求而得之當脩德以得之若於道可求者雖執鞭賤職我亦爲之如不可求從吾所好孔曰所好者古人之道子之所慎齊戰疾孔曰此三者人所不能慎而夫子慎之○（齊）側皆反子在齊聞韶三月不知肉味周曰孔子在齊聞習韶樂之盛美故忽忘於肉味曰不圖爲樂之至於斯也王曰爲作也不圖作

韶樂至於此。此齊冉有曰夫子爲衛君乎鄭曰爲猶助也衛君者謂輒也。衛靈公逐大子蒯聵。公薨而立孫輒。後晉趙鞅納蒯聵于戚城。衛石曼姑帥師圍之。故問其意助輒不乎。（爲）于僞反。下同（蒯）苦怪反子貢曰諾吾將問之入曰伯夷叔齊何人也曰古之賢人也曰怨乎曰求仁而得仁又何怨孔曰夷齊讓國遠去終於餓死。故問怨邪。以讓爲仁。豈有怨乎出曰夫子不爲也鄭曰父子爭國惡行。孔子以伯夷叔齊爲賢且仁。故知不助衛君明矣。（行）下孟反子曰飯疏食飲水曲肱而枕之樂亦在其中矣孔曰疏食菜食肱。臂也。孔子以此爲樂。(飯)上聲(疏)平聲(食)如字。一音嗣。文公同(樂)音洛**不義而富且貴於我如浮雲**鄭曰。富貴而不以義者。於我如浮雲。非己之有。

子曰加我數年五十以學易可以無大過矣易窮理盡性以至於命。年五十而知天命。以知命之年。讀至命之書。故可以無大過。(數)色主反

子所雅言孔曰。雅言。正言也**詩書執禮皆雅言也**鄭曰。讀先王典法。必正言其音。然後義全。故不可有所諱。禮不誦。故言執

葉公問孔子於子路子路不對孔曰。葉公名諸梁。楚大夫。食菜於葉。僭稱公。不對者。未知所以荅。(葉)舒涉反

子曰女奚不曰其爲人

也發憤忘食樂以忘憂不知老之將至云爾

○(憤)符粉反　子曰我非生而知之者好古敏以求之者也　鄭曰言此者勸人學○(好)去聲　子不語怪力亂神　王曰怪怪異也力謂若奡盪舟烏獲舉千鈞之屬亂謂臣弒君子弒父神謂鬼神之事或無益於教化或所不忍言○(奡)五報反　子曰三人行必有我師焉擇其善者而從之其不善者而改之　言我三人行本無賢愚擇善從之不善改之故無常師　子曰天生德於予桓魋其如予何　包曰桓魋宋司馬天生德者謂授我以聖性德合天地吉無不利故

曰其如子何。○䲴徒雷反。子曰：二三子以我爲隱乎？吾無隱乎爾。包曰：二三子謂諸弟子。聖人知廣道深，弟子學之不能及，以爲有所隱匿，故解之。○吾無行而不與二三子者，是丘也。知音智。包曰：我所爲無不與爾共之者，是丘之心。子以四教：文，行，忠，信。四者有形質，可舉以教。○行下孟反。子曰：聖人，吾不得而見之矣；得見君子者，斯可矣。疾世無明君。子曰：善人，吾不得而見之矣；得見有恒者，斯可矣。亡而爲有，虛而爲盈，約而爲泰，難乎有恒矣。孔曰：難可名之爲有

述而

常。(恒)文公胡登反(亡)如字。一音無。文公同子釣而不綱弋不射宿孔曰。釣者。一竿釣。綱者。爲大綱以横絕流以繳繫釣。羅屬著綱。弋。繳射也。宿。宿鳥。(弋)羊職反(射)食亦反(繳)章畧反子曰。蓋有不知而作之者我無是也包曰。時人有穿鑿妄作篇籍者。故云然多聞擇其善者而從之。多見而識之。知之次也孔曰。如此者次於天生知之。(識)文公音志互鄉難與言。童子見。門人惑鄭曰。互鄉鄉名也。其鄉人言語自專。不達時宜。而有童子來見孔子。門人怪孔子見之。(互)戶故反(見)賢遍反子曰。與其進也。不與其退也。唯何甚孔曰教誨之道。與其進。不與其退。怪我見此童子。惡惡一何甚。○惡惡上烏路反。下如字人潔己以進。與其潔也。不保其往也鄭曰。往猶去也。人虛己自潔而來。當與之進。亦何能保其去後之行子曰。仁遠乎哉。我欲仁。斯仁至矣包曰。仁道不遠。行之即是陳司敗問昭公知禮乎孔曰。司敗。官名。陳大夫。昭公。魯昭公孔子曰。知禮。孔子退。揖巫馬期而進之。曰。吾聞君子不黨。君子亦黨乎。君取於吴為同姓。謂之吴孟子。君而知禮。孰不知禮孔曰。巫馬期。弟子名施。相助匿非曰黨。魯吴俱姬姓。禮同姓不昏。而君取之。當稱吳姬。諱曰孟子。○(取)音娶(爲)去聲巫馬期以告子曰。丘也幸。苟有過。人必知之。孔曰。以司敗之言告也。諱國惡。禮也。聖人道弘。故受以爲過子與人歌而善。必使反之。而後和之。樂其善。故使重歌。而自和之。○(和)戶卧反子曰。文莫吾猶人也。莫。無也。文無者。猶俗言文不也。文不吾猶人者。言凡文皆不勝於人躬行君子。則吾未之有得。孔曰。身爲君子。己未能也子曰。若聖與仁。則吾豈敢。孔曰。孔子謙。不敢自名仁聖抑爲之不厭。誨人不倦。則可謂云爾已矣。公西華曰。正唯弟

子不能學也 馬曰。正如所言。弟子猶不能學。況仁聖乎 子疾病子路請禱 包曰。禱。禱請於鬼神 子曰有諸 周曰。言有此禱請於鬼神之事 子路對曰有之誄曰禱爾于上下神祇 孔[illegible]子路失其指。誄。禱篇名。○(誄)力軌反 子曰丘之禱久矣 孔曰。孔子素行合於神明。故曰丘之禱久矣 子曰奢則不孫儉則固與其不孫也寧固 孔曰。俱失之。奢不如儉。奢則僭上。儉不及禮。固。陋也。○(孫)音遜 子曰君子坦蕩蕩小人長戚戚 鄭曰。坦蕩蕩。寬廣貌。長戚戚。多憂懼。○(蕩)徒黨反 子溫而厲威而不猛恭而安

泰伯第八

子曰。泰伯其可謂至德也已矣。三以天下讓。民無得而稱焉王曰。泰伯。周大王之長子。次弟仲雍。少弟季歷。季歷賢。又生聖子文王昌。昌必有天下。故泰伯以天下三讓於王季。其讓隱。故無得而稱言之者。所以為至德也。子曰。恭而無禮則勞。慎而無禮則葸葸。畏懼之貌。言慎而不以禮節之。則常畏懼。○（葸）絲里反勇而無禮則亂。直而無禮則絞馬曰。絞。絞刺也。○（絞）古卯反君子篤於親。則民興於仁。故舊不遺。則民不偷包曰。興。起也。君能厚

於親屬不遺忘其故舊行之美者則民皆化之。起爲仁厚之行不偷薄。○偷他侯反行下孟反

曾子有疾召門弟子曰啓予足啓予手 鄭曰啓開也曾子以爲受身體於父母不敢毀傷故使弟子開衾而視之 詩云戰戰競競如臨深淵如履薄冰 孔曰言此詩者喻己常戒愼恐有所毀傷 而今而後吾知免夫小子 周曰乃今日後我自知免於患難小子弟子也呼之者欲使聽識其言○夫音扶

曾子有疾孟敬子問之 馬曰孟敬子魯大夫仲孫捷 曾子言曰鳥之將死其鳴也哀人之將死其言也善 包曰欲戒敬子言我將死言善

可用

君子所貴乎道者三。動容貌。斯遠暴慢矣。正顏色。斯近信矣。出辭氣。斯遠鄙倍矣。鄭曰。此道豆也。動容貌。能濟濟蹌蹌。則人不敢暴慢顏色。能矜莊嚴栗。則人不敢欺誕之。出辭氣。能順而說之。則無惡戾之言入於耳。○遠于萬反　近去聲　倍蒲悔反

籩豆之事則有司存。包曰。敬子忽大務小。故又戒之以此。籩豆。禮器。

曾子曰。以能問於不能。以多問於寡。有若無。實若虛。犯而不校。包曰。校。報也。言見侵犯不報。

昔者吾友嘗從事於斯矣。馬曰。友。謂顏淵。

曾子曰。可以託六尺之孤。孔曰。

六尺之孤幼少之君可以寄百里之命孔曰攝君之政令臨大節而不可奪也大節安國家定社稷奪不可傾奪君子人與君子人也重稱君子者乃可名為君子也○與音餘曾子曰士可以不弘毅任重而道遠包曰弘大也毅强而能斷也士弘毅然後能負重任以遠路仁以為己任不亦重乎死而後不亦遠乎孔曰以仁為己任重莫重焉死而後已遠莫遠焉子曰興於詩包曰興起也言脩身當先學詩立於禮包曰禮者所以立身成於樂包曰樂所以成性子曰民可使由之不可使知

泰伯

之。由，用也。可使用而不可使知者，百姓能日用而不能知。子曰：好勇疾貧，亂也。包曰：好勇之人，而患疾己貧賤者，必將爲亂。○（好）呼報反。人而不仁，疾之已甚，亂也。包曰：疾惡大甚，亦使其爲亂。子曰：如有周公之才之美，使驕且吝，其餘不足觀也已。孔曰：周公者，周公旦。子曰：三年學，不至於穀，不易得也已。孔曰：穀，善也。言人三歲學，不至於善，不可得。言必無也。所以勸人學。○（穀）公豆反。文公字（易）音亦。鄭以豉反。文公同。子曰：篤信好學，守死善道。危邦不入，亂邦不居。天下有道則見，無道則隱。

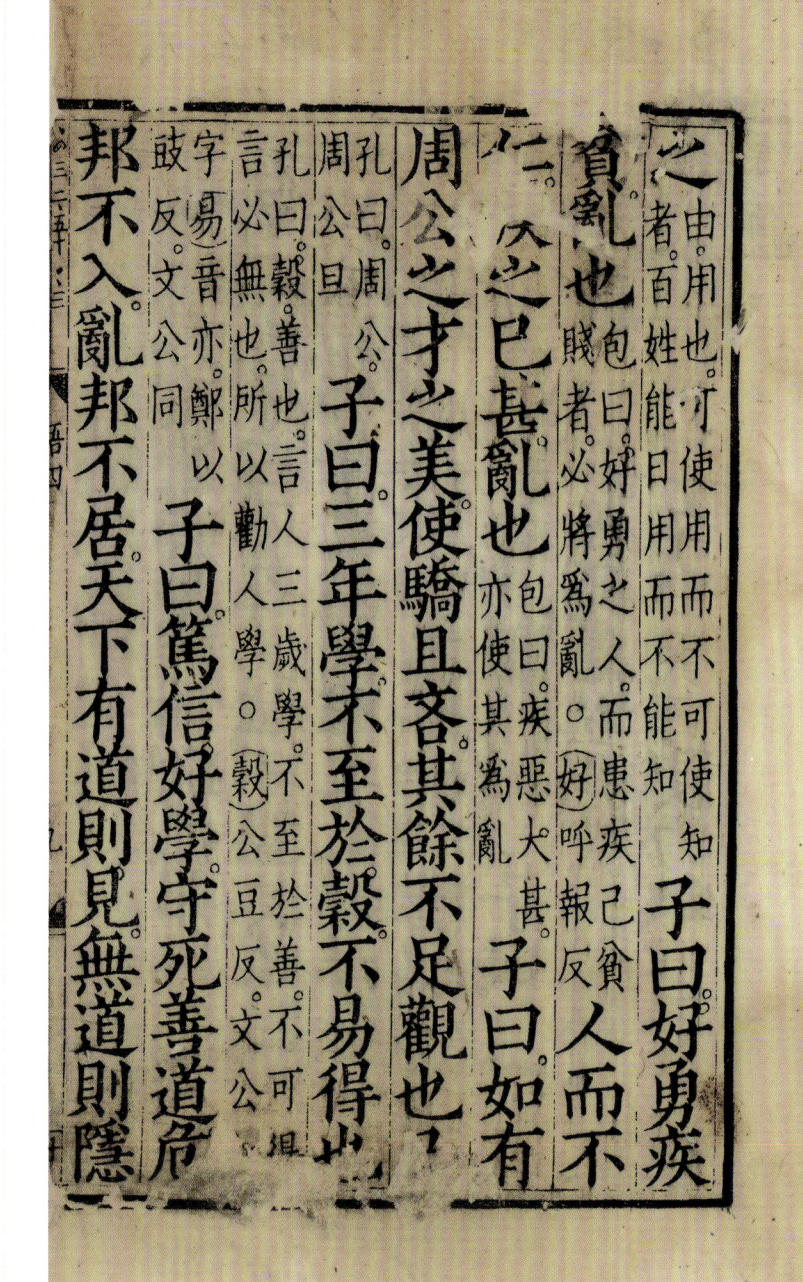

包曰。言行當常。然危邦不入。始欲往。亂邦不居。今欲去。亂。謂臣弑君。子弑父。危者。將亂之兆。○（見）賢遍反邦有道。貧且賤焉。恥也。邦無道。富且貴焉。恥也。子曰。不在其位。不謀其政孔各專於其職

子曰。師摯之始。關雎之亂。洋洋乎盈耳哉鄭曰。師摯。魯大師之名。始。猶首也。周道衰微。鄭衛之音作。正樂廢而失節。魯大師摯識關雎之聲。而首理其亂者。洋洋盈耳。聽而美之。○（摯）音至

子曰。狂而不直孔曰。狂者進取。宜直侗而不愿孔曰。侗。未成器之人。宜謹愿。○（侗）音通。又勅動反悾悾而不信包曰。悾悾。慤也。宜可信。○（悾）音空吾不知

之矣孔曰。言皆與常度反。我不知之。子曰。學如不及。猶恐失之。學自外入。至熟乃可長久。如不及。猶恐失之。子曰。巍巍乎。舜禹之有天下也。而不與焉。美舜禹也。言己不與求天下而得之。巍巍。高大之稱。(與)音預。子曰。大哉。堯之爲君也。巍巍乎。唯天爲大。唯堯則之。孔曰。則。法也。美堯能法天而行化。蕩蕩乎。民無能名焉。包曰。蕩蕩。廣遠之稱。言其布德廣遠。民無能識其名焉。巍巍乎。其有成功也。功成化隆。高大巍巍。煥乎。其有文章。煥。明也。其立文垂制又著明。舜有臣五人而天下治。孔曰。禹。稷。

契。皐陶。伯益 **武王曰予有亂臣十人** 馬曰。亂。治也。治官者十人。謂周公旦。召公奭。大公望。畢公。榮公。大顛。閎夭。散宜生。南宮适。其一人謂文母 **孔子曰才難不其然乎唐虞之際於斯為盛有婦人焉九人而已** 孔曰。唐者堯號。虞者舜號。際者。堯舜交會之間。斯。此也。言堯舜交會之間。比於周。周最盛多賢才。然尚有一婦人。其餘九人而已。大才難得。豈不然乎 **三分天下有其二以服事殷周之德其可謂至德也已矣** 包曰。殷紂淫亂。文王為西伯而有聖德。天下歸周者三分有二。而猶以服事殷。故謂之至德 **子曰禹吾無閒然矣** 孔曰。孔子

推禹功德之盛美。言己不能復間廁其間。(閒)去聲

菲飲食而致孝乎鬼神

馬曰。菲。薄也。致孝鬼神。祭祀豐潔

惡衣服而致美乎黻冕

孔曰。損其常服。以盛祭服。〇(黻)音弗

卑宮室而盡力乎溝洫

包曰。方里爲井。井間有溝。溝廣深四尺。十里爲成。成間有洫。洫廣深八尺。〇(盡)津忍反(洫)呼域反

禹吾無間然矣

論語卷第四

相臺岳氏刻
梓荆谿家塾

論語卷第五

子罕第九

子罕言利與命與仁罕者希也。利者義之和也。命者天之命也。仁者行之盛也。寡能及之。故希言也。○罕呼旱反行下孟反達巷黨人曰。大哉孔子。博學而無所成名鄭曰。達巷者。黨名也。五百家爲黨。此黨之人。美孔子博學道藝。不成一名而已子聞之。謂門弟子曰。吾何執。執御乎。執射乎。吾執御矣鄭曰。聞人美之。承之以謙。吾執御者。欲名六藝之卑子曰。麻冕禮也。今也純儉。吾從衆。孔曰。冕。緇布冠也。古者績麻三十升布以為之。純。絲也。絲易成。故從儉。○純順倫反。鄭側基反。黑易以豉反。拜下。禮也。今拜乎上。泰也。雖違衆。吾從下。王曰。臣之與君行禮者。下拜。然後升成禮。時臣驕泰。故於上拜。今從下。禮之恭也。

子絕四。毋意。以道為度。故不任意。毋必。用之則行。舍之則藏。故無專必。毋固。無可無不可。故無固行。毋我。述古而不自作。處羣萃而不自異。唯道是從。故不有其身。

子畏於匡。包曰。匡人誤圍夫子。以為陽虎。陽虎嘗暴於匡。夫子弟子顏尅。時又與虎俱行。後尅為夫子御。至於匡。匡人相與共識尅。又夫子容貌與虎相似。故匡人乃以兵圍之。曰。文王既沒。文不在茲乎孔曰。玆。此也。言文王雖已死。其文見在此。此。自謂其身。○見賢遍反天之將斯文也。後死者不得與於斯文也孔曰。文王既沒。故子自謂後死。言天將喪此文者。本不當使我知之。今使我知之。未欲喪也。○喪息浪反。○與音預天之未喪斯文也。匡人其如予何馬曰。其予何者。猶言柰我何也。天之未喪此文。則當傳之。匡人欲柰我何。言其不能違天以

大宰問於子貢曰。夫子聖者與。何其多

也孔曰。大宰。大夫官名。或吳或宋。未可分也。疑孔子多能於小藝。○大音太。鄭云吳也。宰語。○與音餘子貢曰。固天縱之將聖。又多能也孔曰。

言天固縱大聖之德。又使多能子聞之曰。大宰知我乎。吾少也賤。故多能鄙事。君子多乎哉。不多也包曰我少貧賤。常自執事。故多能爲鄙人之事。君子固不當多能○少詩照反。下同牢曰。子云吾不試。故藝鄭曰。牢。弟子子牢也。試。用也。言孔子自云我不見用。故多技藝子曰。吾有知乎哉。無知也知者。知意之知也。知者言盡。今人盡有鄙夫問於我。空空如也。我叩其兩端而竭焉孔曰。有鄙夫來問於我。其意空空然。我則發事之終始兩端以語之。竭盡所知。不爲有愛○空如字叩音口子曰。鳳鳥不至。河不

子罕

出圖吾已矣夫孔曰。聖人受命。則鳳鳥至。河出圖。今天無此瑞。吾已矣夫者。傷不得見也。河圖。八卦是也。子見齊衰者冕衣裳者與瞽者包曰。冕者冠也。大夫之服瞽盲也。（齊）音咨（衰）音催見之雖少必作過之必趨包曰。作。起也。趨。疾行也。此夫子哀有喪。尊在位。恤不成人。（少）文公去聲

顏淵喟然歎曰喟歎聲。（喟）苦位反。又苦恠反仰之彌高。鑽之彌堅。言不可窮盡（鑽）子官反瞻之在前忽焉在後言恍惚不可爲形象夫子循循然善誘人循循。次序貌。誘。進也。言夫子正以此道進勸人有次序博我以文約我以禮欲罷不

能旣竭吾才。如有所立卓爾。雖欲從之。末由也已。孔曰。言夫子旣以文章開博我。又以禮節節約我。使我欲罷而不能。已竭我才矣。其有所立則又卓然不可及。言已雖蒙夫之善誘。猶不能及夫子之所立。○罷皮買反。又皮巴反。又音皮。子疾病。包曰。疾甚曰病。子路使門人為臣。鄭曰。孔子嘗為大夫。故子路欲使弟子行其臣之禮。病間曰。久矣哉。由之行詐也。無臣而為有臣。吾誰欺。欺天乎。孔曰。少差曰間。言子路久有是心。非今日也。○間如字。且予與其死於臣之手也。無寧死於二三子之手乎。馬曰。無寧寧也。二三

子罕

子門人也。就使我有臣而死於弟子之手乎。我寧死於弟子之手乎。且子縱不得大
孔曰。君臣禮葬。子死於道路乎。馬曰。就使我不得以君臣禮葬。有二
三子在。我寧當憂棄於道路乎。子貢曰。有美玉於斯。韞匵而
藏諸。求善賈而沽諸。馬曰。韞。藏也。匵。匵也。謂藏諸匵中。沽。賣也。得善
賈寧肯賣之邪。韞紆粉反匵徒木反賈音嫁。一音古子曰。沽之哉。沽
之哉。我待賈者也。包曰。沽之哉。不衒賣之辭。我居而待賈子欲
居九夷。馬曰。九夷。東方之夷有九種或曰。陋如之何。子曰。
君子居之。何陋之有。馬曰。君子所居則化子曰。吾自衛

反魯。然後樂正雅頌各得其所。鄭曰。反魯。魯哀公十一年冬。是時道衰樂廢。孔子來還乃正之。故雅頌各得其所。子曰。出則事公卿。入則事父兄。喪事不敢不勉。不爲酒困。何有於我哉。馬曰。困。亂也。子在川上曰。逝者如斯夫。不舍晝夜。包曰。逝。往也。言凡往者如川之流。舍音捨。子曰。吾未見好德如好色者也。疾時人薄於德而厚於色。故發此言。好呼切

子曰。譬如爲山。未成一簣。止吾止也。包曰。簣。土也。此勸人進於道德。爲山者其功雖已多。未成一籠而中道止者。我不以其前功多而

子罕

毋…其志不遂。故…也。簣求位反譬如平地雖覆一簣進

也馬曰。平地者。將進加功。雖始覆一簣我不以其功少而薄之。據其欲進而

反。㊀覆子曰。語之而不惰者。其回也與顏淵

…解故語之而不惰。餘人不解。故有惰語之時。㊀語魚據反。下法語同。㊀解音蟹子謂

顏淵曰。惜乎。吾見其進也。未見其止也包曰。孔子

顏淵進益未痛惜之甚子曰。苗而不秀者。有矣夫。秀

…實者。有矣夫孔曰。言萬物有生而不育成者。喻人亦然子曰。

後生可畏焉。知來者之不如今也後生。謂年少。㊀焉於

虔反

四十五十而無聞焉。斯亦不足畏也已。子曰。法語之言。能無從乎。改之爲貴。孔曰。人有過。以正道之。口無不順從之。必自改之乃爲貴。巽與之言。能無說乎。之爲貴。馬曰。巽。恭也。謂恭遜謹敬之言。聞之無不說者。能尋繹行之乃爲貴。說音悅。說而不繹。從而不改。吾末如之何也已矣。

主忠信。毋友不如己者。過則勿憚改。愼所有過務改。以爲益。

子曰。三軍可奪帥也。匹夫不可奪志也。孔曰。三軍雖衆。人心不一。則其將帥可奪而取之。匹夫雖微。苟守其不。得而奪（帥）色類反子曰。衣敝縕袍與衣狐貉者不恥者其由也與孔曰。縕。枲著。（衣）於既反（縕）紆粉反（貉）户洛反（枲）絲[illegible]反不忮不求何用不臧馬曰。忮。害也。臧善也。言不忮害不貪求。何用為不善。疾貪惡忮害之詩。（忮）之豉反子路終身誦之□是道也。何足以臧馬曰。臧。善也。尚復有美於是者。何足以為善曰。歲寒然後知松柏之後彫也大寒之衆木皆死後知松柏不彫傷。平歲。則衆木亦有不死者。故須歲寒而後別之。喻凡人處治世。亦能自脩整與君子同。在濁世。然後知君子之正不茍容子曰。知者不惑包曰。

不惑亂。知音智仁者不憂孔曰。無憂患勇者不懼。子曰。

可與共學。未可與適道。適。之也。雖學或得異端。未必能之道可

與適道。未可與立。雖能之道。未必能有所立可與立。未

可與權。雖能有所立。未必能權。權量其輕重之極唐棣之華。偏其反

而。豈不爾思。室是遠而。逸詩也。唐棣。移也。反而後合。賦此詩

權道反而後至於大順。思其人而不得其室遠也。以言思權而不得見者。其道

曰。未之思也。夫何遠之有夫思者。當思其反。反是不

爲能思其反。何遠之有。言權可知思耳。思之有次序。斯可知矣

恂恂如也。似不能言者。王曰。恂恂。温恭

其在宗廟朝廷。便便言。唯謹爾。鄭曰。便便

也。雖辯而謹敬。○廷徒反。又徒佞反。便婢緜反朝與下大夫言。侃

如也。孔曰。侃侃。和樂之貌。○侃苦旦反與上大夫言。誾誾

也。孔曰。誾誾。中正之貌。○誾魚巾反君在。踧踖如也。與與

也。馬曰。君在。視朝也。踧踖。恭敬之貌。與與威儀中適之貌。○踧子六反。踖子亦反

與音餘君召使擯。鄭曰。君召使擯者。有賓客使迎之。○擯必刃反色勃

如也孔曰必變色足躩如也包曰足躩盤辟貌○躩驅碧反揖所

立左右手衣前後襜如也鄭曰揖左人左其手揖右人右

手一俛一仰衣前後襜如也○襜赤占反趨進翼如也孔曰言端好

退必復命曰賓不顧矣鄭曰復命白君賓已去矣入公

門鞠躬如也如不容孔曰斂身立不中門行不履

閾門限○閾況逼反過位色勃如也足躩如

君其言似不足者攝齊升堂鞠躬

不息者孔曰皆重慎也衣下曰齊攝齊者摳衣也○齊

逞顏色。怡怡如也孔曰。先…下階…

進。翼如也孔曰。沒。盡也。下盡階。復…

○…曰。來時所過位執圭。鞠躬如也。如不

…君使聘問鄰國。執持君之圭。鞠躬者。敬之至。○勝音升。爲于僞反。使所吏反

揖。下如授。勃如戰色。足蹜蹜如有循鄭曰。上如

…授玉宜敬。下如授。不敢忘禮。戰色。敬也。…蹜蹜如有循。擧前曳踵行。○蹜色六反

有容色鄭曰。享。獻也。聘禮。既聘而享。用圭璧。有庭實私覿。愉愉

如也鄭曰。覿。見也。既享。乃以私禮見。愉愉。顏色和。○覿直歷反君子不以

紺緅飾孔曰。一入曰緅。飾者。不以爲領袖緣也。紺者。齊服盛色以爲飾衣。似衣齊
服。緅者。三年練以緅飾衣。爲其似衣喪服。故不以爲飾衣。○紺古暗反。緅莊由反。考工
云。五曰緅紅紫不以爲褻服王曰。褻服。私居非公會之服。皆
褻尚不衣。正服無也。○褻息列反當暑袗絺綌。必表而出
曰。暑則單服。絺綌葛表而出之。加上衣緇衣羔裘。素衣麑
褻裘長。短右袂孔曰。服皆之色相稱
無。短右袂。便作事。○麑之研奚反。鹿子也必有寢
孔曰。今之被也長直亮反狐貉之厚以

客去喪無所不佩孔曰。去。除也。非喪則備佩。

反。○非帷裳必殺之王曰。衣必有殺縫。惟帷裳無殺

褻玄冠不以弔孔曰。喪主素。吉主玄。吉凶異服吉

月必朝服而朝孔曰。吉月。月朔也。朝服。皮弁服齊必有明衣

孔曰。以布為沐浴衣

齊側皆反。下同齊必變食孔曰。常饌

遷坐孔曰。易常處食不厭精膾不厭細食饐

孔曰。饐。餲。臭味變。○食音嗣。飯也。饐於冀反。飯傷熱溼也。餲烏邁反。一音遏魚

餒而肉敗不食魚敗曰餒。餒奴罪反○色惡不食。臭惡

不食。失飪不食。不時不食孔曰。失飪。失生熟之節。○飪而甚反

…曰。不時。非日中時

割不正不食。不得其醬不食馬…

…脂非芥…食

肉雖多。不使勝食氣。○食如字文公音嗣

無量不及亂。沽酒市脯不食。不撤薑

撤。…失也。齊禁薰物。薑辛而臭。故不去

不多食孔曰。不過飽

祭…

…曰。助祭於君。所得牲…歸則班賜。不留神惠

祭肉不出三

不食之矣鄭曰。自其家祭肉。過…日不食。是褻鬼神之…

言。雖疏食菜羹瓜。祭必齊

貌。三物雖薄。祭席不正不[illegible]（食）音嗣。又如字

杖者出。斯出矣。孔曰。杖者。老人也。鄉人飲酒之禮。主於[illegible]畢出。後出

鄉人儺。朝服而立於阼儺。驅[illegible]疫鬼。恐驚先祖。故朝服而立於廟之阼階。○（儺）乃多反

問人於他邦。再拜而送之孔曰。拜送使者。敬也

康子饋藥。拜而受之曰。饋子藥

曰。丘未達。不敢嘗孔曰。未知其故。故不敢嘗。禮也[illegible]

[illegible]子退朝。曰。傷人乎。不問馬鄭曰。重人賤[illegible]退朝。自君之朝來歸。○（廄）久又反

君賜食。必正席先嘗之孔曰。敬君之惠也。既嘗

之。乃以班賜君賜腥。必孰而薦之孔曰。薦其先祖君賜生。

畜之。侍食於君。君祭先飯鄭曰。於君祭先飯矣。若爲

食然。扶晚反疾君視之。東首。加朝服拖紳其

疾。處南牖之下。東首。加其朝服拖紳。紳。大不敢不衣朝服見君。○(首)手又反(拖)徒我反

君命召。不俟駕行矣鄭曰。急趨君命。行出而車駕隨之。入大

○(大)音泰朋友死。無所歸。曰於我殯

之恩。無其視昵朋友之饋。雖車馬。非祭肉不

者。我寢不尸包曰。偃卧四體。布展手足。似死人

家室久矣

見齊衰者。雖狎必變。孔狎

冕者與瞽者。雖褻必以貌。周曰。數相褻

凶服者式之。式負版者。孔曰。凶死之衣

有盛饌。必變色而作。孔曰。作敬主人

之圖籍

迅雷風烈必變。鄭曰。敬天之怒。風疾爲烈。○迅音信。又音

正立執綏。周曰。必正立執綏。所以爲安。車中不

不過曰。車中不內顧者。前視不過衡軛。傍視不過輢轂。不疾言。不親指

斯舉矣。馬曰。見顏色不善則去之。翔而後集。周曰。迴翔審觀而後下止

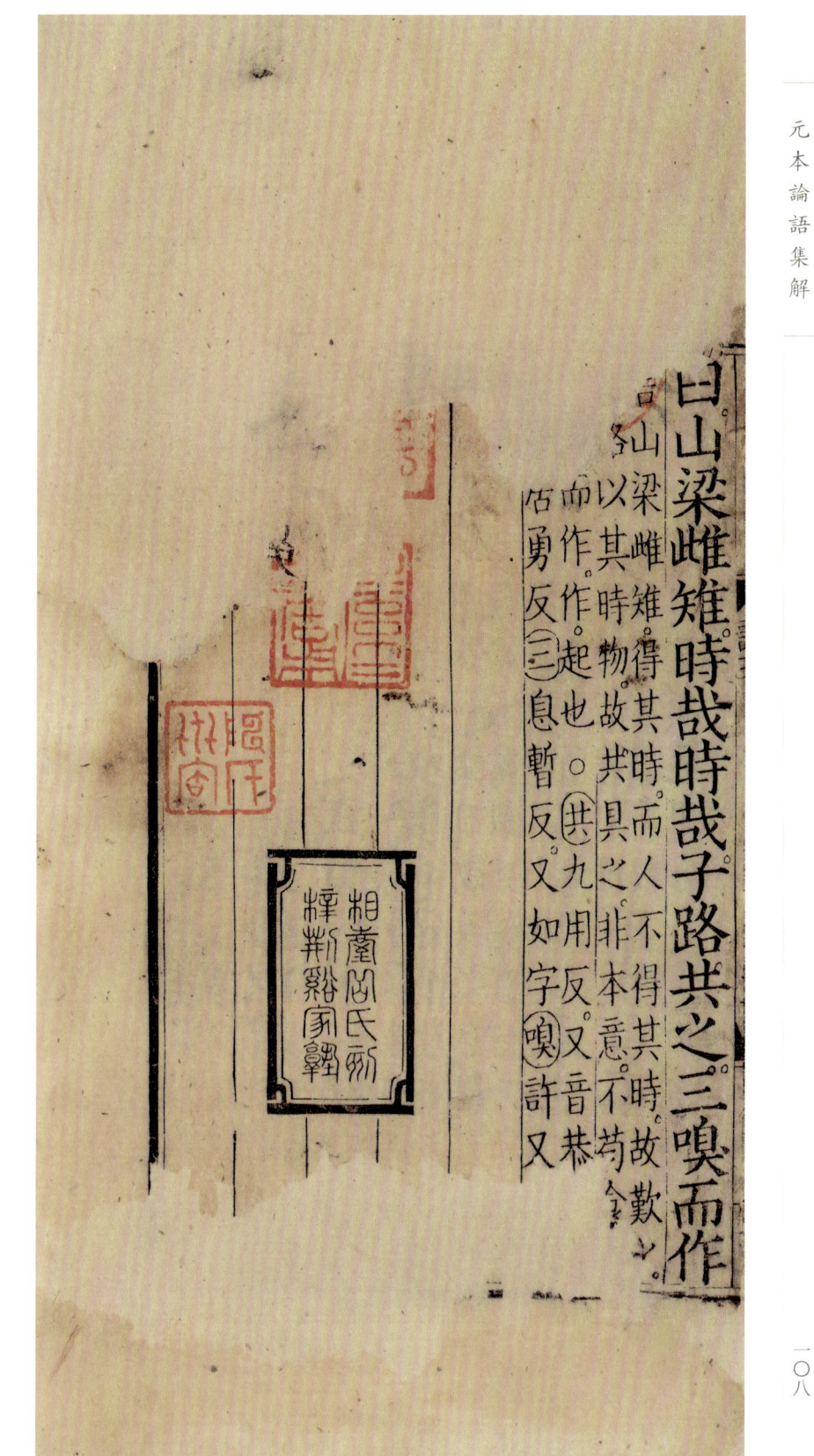

曰山梁雌雉時哉時哉子路共之三嗅而作

言山梁雌雉得其時而人不得其時故歎之路以其時物故共具之非本意不苟食而作作起也○共九用反又音恭佰勇反㈢息暫反又如字嗅許又

相臺岳氏刻梓荊谿家塾

於禮樂野人也後進於禮樂君子

子[illegible]進後進謂仕先後輩也禮樂因世損益後進與禮樂俱得時之中斯君子

進有古風野人也

如用之則吾從先進

將移[illegible]俗歸[illegible]

進猶近[illegible]從之

子曰從我於陳蔡者皆不及

[illegible]曰。言弟子從我而厄於陳蔡者。皆及仕進之門而失其所。從才用[illegible]

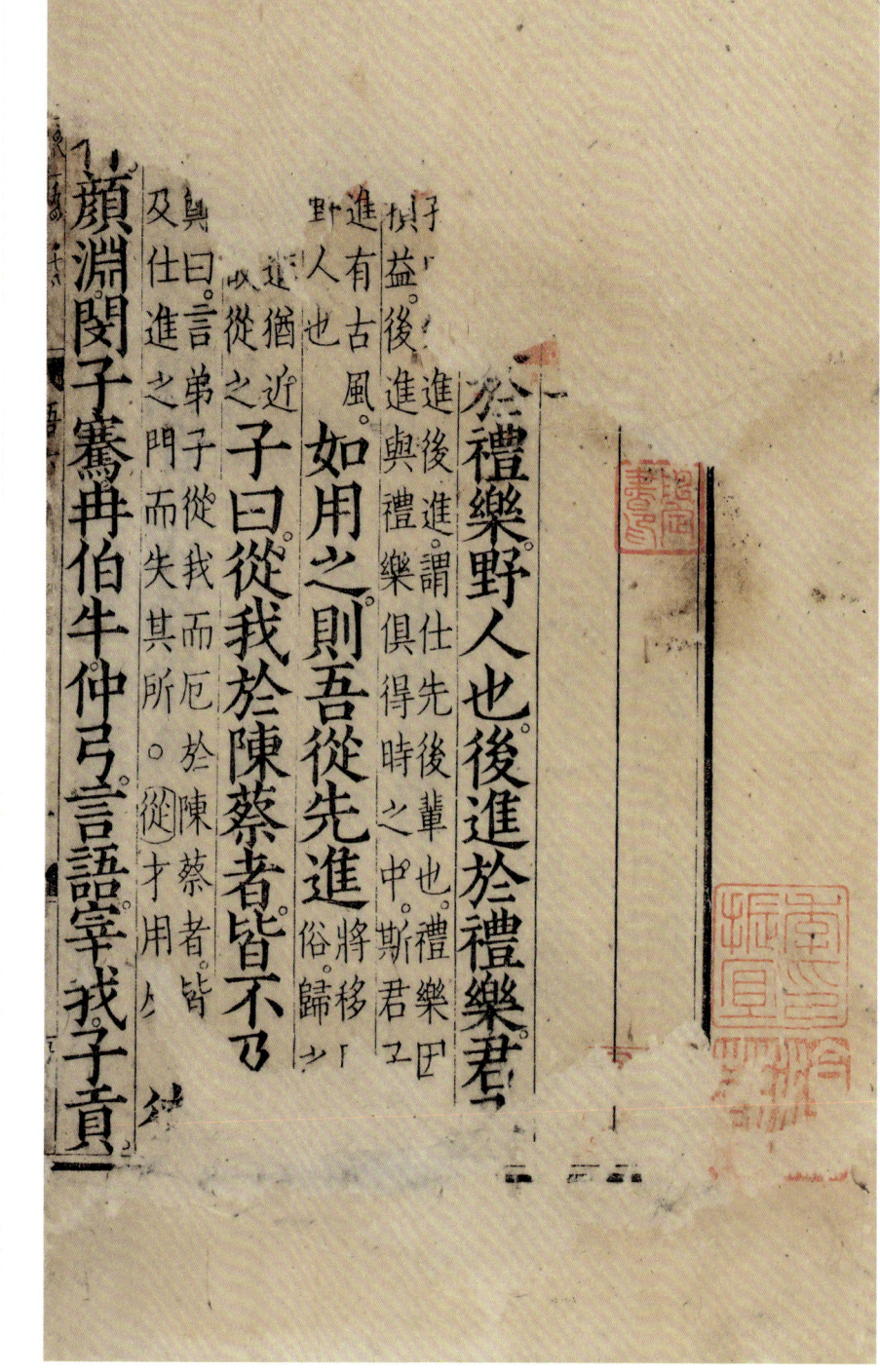

顏淵閔子騫冉伯牛仲弓言語宰我子貢

事。冉有季路。文學子游子夏。（行）下孟反子曰。

也非助我者也。於吾言無所不說。孔曰。

言即解。無所發起益於己。○（說）音悅 子曰。孝哉閔子騫。

間於其父母昆弟之言。陳曰。言子騫上父母。下順兄弟

盡善。故人不得有間之言。○（間）去聲 南容三復白圭。孔曰。

磨也。斯言之玷。不可爲也。南容反覆之。是其心慎言也。○（三）息暫

以其兄之子妻之。○（妻）七細反 季康

好學。孔子對曰。有顏回者。

矣。今也則亡。（好）呼報反　顏淵死。顏

以爲之椁　孔曰。路。淵父也。家貧。欲請孔子之車賣

不才亦各言其子也。鯉也死。有棺

無椁。吾不徒行以爲之椁。以吾從大

後不可徒行也　孔曰。鯉。孔子之子伯魚也。孔子時爲大夫。言從大夫之可以徒謙辭也

顏淵死。子曰。噫　包曰。噫。痛傷之聲　天喪

予　天喪予者。若喪己也。再言之者。痛之甚。（喪）如字。亡也。舊息浪反。文公去聲

顏淵死。子哭之慟　馬曰。慟。哀過也　從者曰。子慟矣。

曰有慟乎孔曰不自知己之悲哀過。從才用反非夫人之爲

慟而誰爲。夫音符下之同。爲去聲顔淵死門人欲厚葬

子曰不可禮貧富有宜顔淵貧而門人欲厚葬故不聽門人

葬之子曰回也視予猶父也予不得視猶子

非我也夫二三子也馬曰言回自有父父意欲聽門人厚葬

非其[illegible]季路問事鬼神子曰未能事

[illegible]鬼敢問死曰未知生焉知死陳曰鬼神

[illegible]語之無益於虔反閔子侍側誾誾如也

也。冉有、子貢，侃侃如也。子樂。鄭曰。

性。行行。剛強之貌。○(誾)魚巾反(行)戶郎反(侃)苦旦反(樂)音洛　若

得其死然。孔曰。不得以壽終　魯人爲長府。閔

騫曰。仍舊貫，如之何？何必改作？鄭曰。長府。藏名也。藏

財貨曰府。仍。因也。貫。事也。因舊事則可。可乃復更改作。○(貫)古亂反(藏)才浪反　子

曰。夫人不言，言必有中。王曰。言必有中者。善其不欲勞民改作。○(中)丁

子曰。由之瑟，奚爲於丘之門？馬曰。子路鼓瑟。不合雅頌

門人不敬子路。子曰。由也升堂矣，未入於室

子貢
也馬曰。升我堂矣。未入於室耳。門人不解。謂孔子言為賤子路。故復解之。
師與商也孰賢。子曰。師也過。商也不及。孔
言俱不侍中曰。然則師愈與。子曰。過猶不及。愈勝
○(與)音餘季氏富於周公。孔曰。周公。天子之宰。卿士。而求也為
聚斂而附益之。孔曰。冉求為季氏宰。為之急賦稅。○(為)于偽反。又如
非吾徒也。小子鳴鼓而攻之可也。鄭曰。
門人也。鳴鼓。貢之。柴也愚。弟子高柴。字子羔。愚。愚直之愚。參
曰魯鈍也。遲鈍。師也辟。馬曰。子張才過人。失在邪辟之過。○

……喭。○鄭曰。子路之行。失於畔喭。〔喭〕五旦反〔行〕下孟反　子曰。

……乎屢空。賜不受命。而貨殖焉。億則

回庶幾聖道。雖數空匱。而樂在其中。

賜不受教命。唯財貨是殖。億度是非。蓋

……回所以勵賜也。一曰。屢猶每也。空猶虛中

也。以聖人之善道。教數子之庶幾。猶不至於

知道者。各內有此害。其於庶幾每能虛中者

唯回。懷道深遠。不虛心不能知道。子貢雖無

數子之病。然亦不知道者。雖不窮理而幸

非天命而偶富。亦所以不虛心也。○〔空〕

……紙反〔中〕……仲反　子張問善人之道。子曰。不踐迹。亦不

入於室。孔曰。踐。循也。言善人不但循追舊迹而已。亦少能創業。然亦不能入於聖

人之與室子曰論篤是與君子者乎色莊者乎論篤
者謂口無擇言。君子者謂身無鄙行。色莊者
不惡而嚴以遠小人。言此三者皆可以爲
○與音餘。文公如字子路問聞斯行諸包曰。
行下孟反遠于萬反
賑窮救之之事子曰有父兄在如之何其聞斯行之
孔曰。當白父不得自專冉有問聞斯行諸子曰聞斯行
華曰由也問聞斯行諸子曰有父兄
聞斯行諸子曰聞斯行之赤也惑
惑其問答異子曰求也退故進之由也

之 鄭曰。言冉有性謙退。子路務在勝尚人。各因其人之失而正之

□顏淵後 孔曰。言與孔子相失。故在後 子曰。吾以

□矣。曰。子在。回何敢死 包曰。言夫子在。己無所敢死□

□子然問仲由冉求可謂大臣與 孔曰。子然。季氏子弟。自多得臣此二子。故問之。○（與）音餘。下同 子曰。吾以子爲異之問

曰。由與求之問 孔曰。謂子問異事耳。則此二人之問。安足大乎 所謂

大臣者。以道事君。不可則止。今由與求也。可

謂具臣矣 孔曰。言備臣數而已 曰。然則從之者與 孔曰。問爲子

臣皆當從君所欲邪 子曰。弑父與君。亦不從也 孔曰。二子雖從其主。亦不與爲大逆 子路使子羔爲費宰。子曰。賊夫人之子 包曰。子羔學未熟習。而使爲政。所以爲賊害○費悲位反夫音符 子路曰。有民人焉。有社稷焉。何必讀書。然後爲學 孔曰。言治民事神。於是而習之。亦學也 子曰。是故惡夫佞者 孔曰。疾其以口給應。遂己非而不知○惡烏路反夫音符 子路曾皙 孔曰。皙。曾參父。名點 皙星歷反 冉有公西華侍坐。子曰。以吾一日長乎爾。毋吾以也 孔曰。言我問女。女無以我長故難對○長

先進

居則曰不吾知也孔曰女常居云人不知己如或知

以哉孔曰如有用女者則何以爲治子路率爾而對

率爾先三人對曰千乘之國攝乎大國之閒加之以

師旅因之以饑饉包曰攝迫也迫於大國之閒○乘繩證反由也

爲之比及三年可使有勇且知方也方義方夫

子哂之馬曰哂笑也○哂詩忍反求爾何如對曰方六七

十如五六十求性謙退言欲得方六七十如五六十里小國治之而已求

也爲之比及三年可使足民如其禮樂以俟

君子孔曰求自云能足民而已謂衣食足也若禮樂之化當以待君子謙也赤爾何如對曰非曰能之願學焉宗廟之事如會同端章甫願爲小相焉鄭曰我非自言能願學爲之宗廟之事謂祭祀也諸侯時見曰會殷頫曰同端玄端也衣玄端冠章甫諸侯日視朝之服小相謂相君之禮○(相)息亮反點爾何如鼓瑟希孔曰思所以對故音希鏗爾舍瑟而作對曰異乎三子者之撰孔曰置瑟起也撰具也爲政之具鏗者投瑟之聲○(鏗)苦耕反(舍)音捨(撰)士免反子曰何傷乎亦各言其志也孔曰各言己志於義無傷曰莫春者

春服既成冠者五六人童子六七人浴乎沂風乎舞雩詠而歸包曰莫春者季春三月也春服既成衣單袷之時我欲得冠者五六人童子六七人浴乎沂水之上風涼於舞雩之下歌詠先王之道而歸夫子之門○莫音暮冠古亂反夫子喟然歎曰吾與點也周曰善點獨知時三子者出曾皙後曾皙曰夫三子者之言何如子曰亦各言其志也已矣曰夫子何哂由也曰爲國以禮其言不讓是故哂之包曰爲國以禮禮貴讓子路言不讓故笑之○夫三音符唯求則非邦也

與。安見方六七十。如五六十。而非邦也者。唯赤則非邦也與。宗廟會同。非諸侯而何孔曰。明皆諸侯之事。與子路同。徒笑子路不讓○也與音餘赤也爲之小。孰能爲之大孔曰。赤謙言小相耳。誰能爲大相

顏淵第十二

顏淵問仁。子曰。克己復禮爲仁馬曰。克己約身。孔曰。復反也。身能反禮。則爲仁矣一日克己復禮。天下歸仁焉馬曰。一日猶見歸。況終身乎爲仁由己。而由人乎哉孔曰。行善在己。

不人也顏淵曰。請問其目包曰。知其必有條目。故請問之子曰非禮勿視。非禮勿聽。非禮勿言。非禮勿動鄭曰。此四者。克己復禮之目顏淵曰。回雖不敏。請事斯語矣王曰。敬事此語。必行之仲弓問仁。子曰。出門如見大賓。使民如承大祭孔曰。爲仁之道。莫尚乎敬己所不欲。勿施於人。在邦無怨。在家無怨包曰。在邦。爲諸侯。在家。爲卿大夫仲弓曰。雍雖不敏。請事斯語矣。司馬牛問仁。子曰。仁者其言也訒孔曰。訒。難也。牛。宋人也。弟子司馬犂。○訒音刃。

鄭云不忍言也曰其言也訒斯謂之仁已乎子曰爲之難言之得無訒乎孔曰行仁難言仁亦不得不難司馬牛問君子子曰君子不憂不懼孔曰牛兄桓魋將爲亂牛自宋來學常憂懼故孔子解之○（魋）徒回反曰不憂不懼斯謂之君子已乎子曰内省不疚夫何憂何懼包曰疚病也自省無罪惡無可憂懼○（疚）久又反（夫）音符司馬牛憂曰人皆有兄弟我獨亡鄭曰牛兄桓魋行惡死亡無日我爲無兄弟子夏曰商聞之矣死生有命富貴在天君子敬而無失

顔淵

與人恭而有禮。四海之內。皆兄弟也。君子何患乎無兄弟也。包曰。君子疏惡而友賢。九州之人。皆可以禮親。子張問明。子曰。浸潤之譖。膚受之愬。不行焉。可謂明也已矣。鄭曰。譖人之言。如水之浸潤。漸以成之。馬曰。膚受之愬。皮膚外語。非其內實。（譖）側鴆反（愬）蘇路反浸潤之譖。膚受之愬。不行焉。可謂遠也已矣。馬曰。無此二者。非但爲明。其德行高遠。人莫能及。子貢問政。子曰。足食。足兵。民信之矣。子貢曰。必不得已而去。於斯三者何先。曰。去兵。子貢曰。

必不得已而去於斯二者何先曰去食自古皆有死民無信不立孔曰死者古今常道人皆有之治邦不可失信○去起呂反下同棘子成曰君子質而已矣何以文爲鄭曰舊說云棘子成衛大夫子貢曰惜乎夫子之說君子也駟不及舌鄭曰惜乎夫子之說君子也過言一出駟馬追之不及文猶質也質猶文也虎豹之鞟猶犬羊之鞟孔曰皮去毛曰鞟虎豹與犬羊別者正以毛文異耳今使文質同者何以別虎豹與犬羊邪○鞟苦郭反哀公問於有若曰年饑用不足如之

何有若對曰盍徹乎鄭曰盍何不也周法什一而稅謂之徹徹通也爲天下之通法。徹直列反曰二吾猶不足如之何其徹也孔曰二謂什二而稅對曰百姓足君孰與不足百姓不足君孰與足孔曰孰誰也

子張問崇德辨惑包曰辨別也子曰主忠信徙義崇德也包曰徙義見義則徙意而從之愛之欲其生惡之欲其死既欲其生又欲其死是惑也包曰愛惡當有常一欲生之一欲死之是心惑也。惡烏路反誠不以富亦祇以異鄭曰此詩小雅也祇適也言此行誠不可以致

富。適足以爲異耳。取此詩之異義以非之。(祗)音支(行)下孟反齊景公問政於孔子孔子對曰君君臣臣父父子子孔曰當此之時。陳恒制齊。君不君。臣不臣。父不父。子不子。故以對公曰善哉信如君不君臣不臣父不父子不子雖有粟吾得而食諸孔曰。言將危也。陳氏果滅齊子曰片言可以折獄者其由也與孔曰。片猶偏也。聽訟必須兩辭以定是非。偏信一言以折獄者。唯子路可也。○(與)音餘子路無宿諾宿猶豫也。子路篤信。恐臨時多故。故不豫諾子曰聽訟吾猶人也包曰。與人等必也使無訟乎王曰化之在前子張問政子曰居之無倦行之以忠王曰言爲政之道居之於身無得懈倦行之於民必以忠信○倦其卷反子曰博學於文約之以禮亦可以弗畔矣夫鄭曰弗畔不違道○夫音符子曰君子成人之美不成人之惡小人反是季康子問政於孔子孔子對曰政者正也子帥以正孰敢不正鄭曰康子魯上卿諸臣之帥也○帥所類反又所律反季康子患盜問於孔子孔子對曰苟子之不欲雖賞之不竊孔曰欲多情欲言民化於

上。不從其令。從其所好。季康子問政於孔子曰。如殺無道以就有道何如。孔曰。就。成也。欲多殺而止姦。孔子對曰。子爲政焉用殺。子欲善而民善矣。君子之德風。小人之德草。草上之風必偃。孔曰。亦欲令康子先自正。偃。仆也。如草以風。無不仆者。猶民之化於上。〔焉〕於虔反〔仆〕蒲北反子張問士何如斯可謂之達矣。子曰。何哉爾所謂達者。子張對曰。在邦必聞。在家必聞。鄭曰。言士之所在皆能有名譽。子曰。是聞也。非達也。夫達也者。質直而好義。察言而觀色。慮以下人。馬曰。常有謙退之志。察言語。觀顏色。
知其所欲。其念慮常欲以下
人。(夫)音符。下同。(好)呼報反 在邦必達。在家
必達。馬曰。謙尊而光。
卑而不可踰 夫聞也者。色取仁而行
違。居之不疑。馬曰。此言佞人假仁者之色。行
之則違。安居其僞而不自疑。
(行)下
孟反 在邦必聞。在家必聞。馬曰。佞人黨多 樊遲從遊
於舞雩之下。包曰。舞雩之處。有壇墠樹木。
故下可遊焉。(從)才用反 曰。
敢問崇德。脩慝。辨惑。孔曰。慝。惡也。脩。治也。治
惡爲善。(慝)吐得反
子曰。善哉問。先事後得。非崇德與。孔曰。先勞
於事。然後

得報。與音餘。下同攻其惡無攻人之惡非脩慝與一朝之忿忘其身以及其親非惑與樊遲問仁子曰愛人問知子曰知人樊遲未達子曰舉直錯諸枉能使枉者直包曰。舉正直之人用之。廢置邪枉之人。則皆化爲直。知音智。下同錯七故反。下同樊遲退見子夏曰鄉也吾見於夫子而問知子曰舉直錯諸枉能使枉者直何謂也子夏曰富哉言乎孔曰。富。盛也。鄉去聲。吾見賢遍反舜有天下選於衆舉皐陶不仁者遠矣。湯有天下。選於衆。舉伊尹。不仁者遠矣。孔曰。言舜湯有天下。選擇於衆。舉皋陶伊尹。則不仁者遠矣。仁者至矣。(選)息戀反。又息轉反(遠)如字。又于萬反

子貢問友。子曰。忠告而善道之。不可則止。毋自辱焉。包曰。忠告。以是非告之。以善道導之。不見從則止。必言之。或見辱。(告)古毒反

曾子曰。君子以文會友。孔曰。友以文德合。以友輔仁。孔曰。友相切瑳之道。所以輔成己之仁。

論語卷第六

相臺岳氏刻梓荆谿家塾

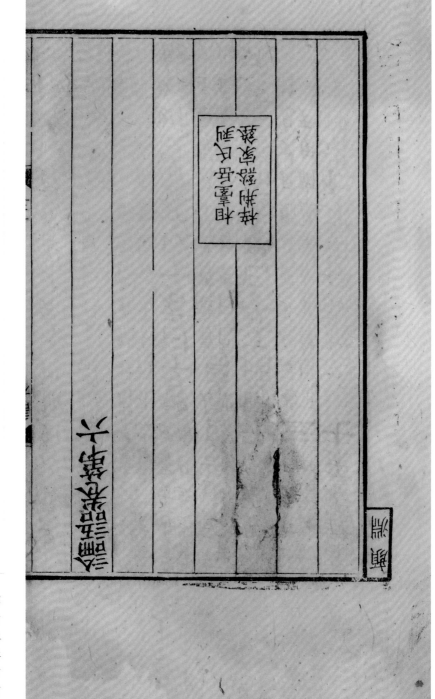

顏淵

論語卷第七

子路第十三

子路問政。子曰。先之勞之。孔曰。先導之以德。使民信之。然後勞之。易曰。説以使民。民忘其勞。○勞如字。文公同。鄭力報反請益。曰。無倦。孔曰。子路嫌其少。故請益。曰無倦者。行此上事。無倦則可。○無文公云云。古作毋。倦其卷反

仲弓爲季氏宰。問政。子曰。先有司。王曰。言爲政當先任有司。而後責其事赦小過。舉賢才。曰。焉知賢才而舉之。曰。舉爾所知。爾所不知。人其舍諸。孔曰。女所不知者。人

將自舉之。各舉其所知。則賢才無遺。○(焉)於虔反(舍)如字。文公上聲子路曰衛君待子而爲政子將奚先包曰。問往將何所先行子曰必也正名乎馬曰。正百事之名子路曰有是哉子之迂也奚其正包曰。迂猶遠也。言孔子之言。遠於事也。○(迂)音于子曰野哉由也孔曰。野猶不達君子於其所不知蓋闕如也包曰。君子於其所不知。當闕而勿據。今由不知正名之義。而謂之迂遠名不正則言不順言不順則事不成事不成則禮樂不興禮樂不興則刑罰不中孔曰。禮以安上。樂以移風。

二者不行，則有淫刑濫罰。〇(中)丁仲反，下同。刑罰不中，則民無所錯手足。故君子名之必可言也，言之必可行也。王曰：所名之事，必可得而明言。所言之事，必可得而遵行。〇(錯)七故反。君子於其言，無所苟而已矣。樊遲請學稼，子曰：吾不如老農。請學爲圃，曰：吾不如老圃。馬曰：樹五穀曰稼，樹菜蔬曰圃。樊遲出，子曰：小人哉樊須也。上好禮，則民莫敢不敬；上好義，則民莫敢不服；上好信，則民莫敢不用情。孔曰：情，情實也。言民化於上，各以實應。〇(好)呼報反。下同夫如是則四方之民襁負其子而至矣。
焉用稼包曰。禮義與信。足以成德。何用學稼以教民乎。負者以器曰襁。○夫音符
襁居丈反。博物志云。織縷爲之。廣八寸。長丈二。以約小兒於背子曰誦詩三
百授之以政不達使於四方不能專對雖多
亦奚以爲專猶獨也。○使去聲子曰其身正不令而行。
其身不正雖令不從令。教令也子曰魯衛之政兄
弟也包曰。魯周公之封。衛康叔之封。周公康叔既爲兄弟。康叔睦於周公。其國之政
亦如兄弟子謂衛公子荊善居室王曰。荊與蘧瑗。史鰌。並爲君子

○(蘧)其居反(瑗)于眷反(鰌)音秋始有，曰：「苟合矣。」少有，曰：「苟完矣。」富有，曰：「苟美矣。」子適衛，冉有僕，孔曰：孔子之衛，冉有御。子曰：「庶矣哉！」孔曰：庶，衆也。言衛人衆多。冉有曰：「既庶矣，又何加焉？」曰：「富之。」曰：「既富矣，又何加焉？」曰：「教之。」子曰：「苟有用我者，期月而已可也，三年有成。」孔曰：言誠有用我於政事者，期月而可以行其政教，必三年乃有成功。○(期)音基

子曰：「善人爲邦百年，亦可以勝殘去殺矣。王曰：勝殘，殘暴之人使不爲惡也。去殺，不用刑殺也。○(勝)音升誠哉是言也！」孔曰：

古有此言。孔子信之。子曰。如有王者。必世而後仁。孔曰。三十年曰世。如有受命王者。必三十年。仁政乃成。○㊀于況反。又如字 子曰。苟正其身矣。於從政乎何有。不能正其身。如正人何。冉子退朝。周曰。謂罷朝於魯君 子曰。何晏也。對曰。有政。馬曰。政者。有所改更匡正 子曰。其事也。馬曰。事者。凡行常事 如有政。雖不吾以。吾其與聞之。馬曰。如有政。非常之事。我爲大夫。雖不見任用。必當與聞之。○㊀音預 定公問。一言而可以興邦。有諸。孔子對曰。言不可以若是其幾也。王曰。以其大要一言不能正興國。幾近也。有近一言可以興國。人之言曰。爲君難。爲臣不易。如知爲君之難也。不幾乎一言而興邦乎。孔曰。事不可以一言而成。如知此則可近也。○(易)以豉反 曰。一言而喪邦。有諸。孔子對曰。言不可以若是其幾也。人之言曰。予無樂乎爲君。唯其言而莫予違也。孔曰。言無樂於爲君。所樂者。唯樂其言而不見違。○(喪)息浪反(樂)音洛 如其善而莫之違也。不亦善乎。如不善而莫之違也。不幾乎一言而喪邦乎。孔曰。人君所言善。無違之者則善也。所言不善。而無敢違之者。則近一言而喪國。葉公問政。子曰。近者說。遠者來。○（葉）舒涉反（說）音悅子夏爲莒父宰。問政。鄭曰。舊說云。莒父。魯下邑。○（莒）居呂反子曰。無欲速。無見小利。欲速則不達。見小利則大事不成。孔曰。事不可以速成。而欲其速。則不達矣。小利妨大。則大事不成。葉公語孔子曰。吾黨有直躬者。孔曰。直躬。直身而行。○（語）音馭其父攘羊。而子證之。周曰。有因而盜曰攘。○（攘）如羊反孔子曰。吾黨之直者異於是。父爲子隱。子爲父隱。直在其中矣。○（爲）去聲樊遲問仁。子曰。居處恭。執事敬。與人忠。雖之夷狄。不可棄也。包曰。雖之夷狄無禮義之處。猶不可棄去而不行。子貢問曰。何如斯可謂之士矣。子曰。行己有恥。孔曰。有恥者。有所不爲。使於四方。不辱君命。可謂士矣。曰。敢問其次。曰。宗族稱孝焉。鄉黨稱弟焉。曰。敢問其次。曰。言必信。行必果。硜硜然小人哉。鄭曰。行必果。所欲行必果敢爲之。硜硜者。小人之貌也。抑亦其次。言可以爲次。抑亦可以爲次矣。○使。所吏反。弟。大計反。行。下孟反。硜。苦耕反。曰。今之從政者何如。子曰。噫。斗筲之人何足算也。鄭曰。噫。心不平之聲。筲。竹器。容斗二升。算。數也。○噫於其反。筲所交反。算悉亂反。子曰。不得中行而與之。必也狂狷乎。包曰。中行。行能得其中者。言不得中行。則欲得狂狷者。○狷音絹。狂者進取。狷者有所不爲也。包曰。狂者進取於善道。狷者守節無爲。欲得此二人者。以時多進退。取其恒一。

子曰。南人有言曰。人而無恒。不可以作巫醫。孔曰。南人。南國之人。鄭曰。言巫醫不能治無常之人。○恒。文公胡登反。善夫。包曰。善南人之言也。○夫音符。不恒其德。或承之羞。孔曰。此易恒卦之辭。

言德無常。則羞辱承之子曰：不占而已矣鄭曰：易所以占吉凶。無恒之人，易所不占子曰：君子和而不同，小人同而不和君子心和，然其所見各異，故曰不同。小人所嗜好者同，然各爭利，故曰不和子貢問曰：鄉人皆好之，何如？子曰：未可也。鄉人皆惡之，何如？子曰：未可也。不如鄉人之善者好之，其不善者惡之孔曰：善人善己，惡人惡己。是善善明，是惡惡著。〔好〕〔惡〕皆去聲子曰：君子易事而難說也孔曰：不責備於一人，故易事。〔易〕以豉反〔說〕音悅。竝下同說之不以道，不說也。及其使人也器之孔曰。度才而官之。○(度)徒洛反小人難事而易說也說之雖不以道說也及其使人也求備焉。子曰君子泰而不驕小人驕而不泰君子自縱泰。似驕而不驕。小人拘忌。而實自驕矜子曰剛毅木訥近仁王曰。無欲。毅。果敢。木。質樸。訥。遲鈍。有斯四者。近於仁。○(毅)魚既反(訥)奴忽反子路問曰。何如斯可謂之士矣子曰切切偲偲怡怡如也可謂士矣朋友切切偲偲兄弟怡怡馬曰。切切偲偲。相切責之貌。怡怡。和順之貌。○(偲)音絲(怡)音頤子曰善人教民七年。亦可以即戎矣包曰。即。就也。戎。兵也。可以攻戰子曰。以不教民戰。是謂棄之馬曰。言用不習之民。使之攻戰必破敗。是謂棄之

憲問第十四

憲問恥。子曰。邦有道穀孔曰。穀。祿也。邦有道當食祿邦無道穀。恥也孔曰。君無道而在其朝。食其祿。是恥辱克伐怨欲不行焉。可以爲仁矣馬曰。克。好勝人。伐。自伐其功。怨。忌小怨。欲。貪欲也子曰。可以爲難矣。仁則吾不知也包曰。四者行之難。未足以爲仁。○行下孟反。一如字子曰。士而懷居。不足以爲士

矣士當志道。不求安。而懷其居。非士也。子曰。邦有道。危言危行包曰。危。厲也。邦有道。可以厲言行。○行下孟反。下同邦無道。危行言孫孫。順也。厲行不隨俗。順言以遠害。○孫音遜遠于萬反子曰。有德者必有言德不可以億中。故必有言有言者不必有德。仁者必有勇。勇者不必有仁。南宮适孔曰。适。南宮敬叔。魯大夫。○适古活反問於孔子曰。羿善射。奡盪舟孔曰。羿。有窮國之君。篡夏后相之位。其臣寒浞殺之。因其室而生奡。奡多力。能陸地行舟。爲夏后少康所殺。○羿音詣奡五報反盪吐浪反篡初患反相息亮反浞仕捉反俱不得其死然孔曰。此二子者。皆不得以壽終。禹稷躬稼而有天下。夫子不荅馬曰。禹盡力於溝洫。稷種百穀。故曰躬稼。禹及其身。稷及後世。皆王。适意欲以禹稷比孔子。孔子謙。故不荅也。○(洫)況域反(王)于況反南宮适出。子曰。君子哉若人。尚德哉若人。孔曰。賤不義而貴有德。故曰君子

子曰。君子而不仁者有矣夫。未有小人而仁者也。孔曰。雖曰君子。猶未能備。○(夫)音符

子曰。愛之能勿勞乎。忠焉能勿誨乎。孔曰。言人有所愛。必欲勞來之。有所忠。必欲教誨之。○(勞)力報反(來)力代反

子曰。爲命。裨諶草創之。孔曰。裨諶。鄭大夫氏

名也。謀於野則獲。於國則否。鄭國將有諸侯
之事。則使乘車以適野。而謀作盟會之辭。○
裨婢之反諶時針反創初向反乘繩證反世叔討論之行人子羽
脩飾之東里子產潤色之馬曰。世叔。鄭大夫游吉也。討。治也。裨
諶既造謀。世叔復治而論之。詳而審之。行人。
掌使之官。子羽。公孫揮。子產居東里。因以爲
號。更此四賢而成。故鮮有敗事。○復扶又反更古衡反或問子產曰
惠人也孔曰。惠。愛也。子產古之遺愛問子西曰彼哉彼哉
馬曰。子西。鄭大夫。彼哉彼哉。言無足稱。或曰。楚令尹子西問管仲曰人也
猶詩言所謂伊人奪伯氏駢邑三百飯疏食沒齒無

憲問

怨言孔曰：伯氏，齊大夫。駢邑，地名。齒，年也。伯氏食邑三百家，管仲奪之，使至疏食，而没齒無怨言，以其當理故。○(駢)薄田反，又薄亭反。(飯)上聲。(疏)平聲。(食)如字，又音嗣。(當)去聲。

子曰：貧而無怨難，富而無驕易。(易)以鼓反。(難)乃旦反。

子曰：孟公綽爲趙魏老則優，不可以爲滕薛大夫。孔曰：公綽，魯大夫。趙、魏皆晉卿，家臣稱老。公綽性寡欲，趙、魏貪賢，家老無職，故優。滕、薛小國，大夫職煩，故不可爲。○(綽)昌略反。

子路問成人。子曰：若臧武仲之知，馬曰：魯大夫臧孫紇。○(知)音智。(紇)恨發反。公綽之不欲，馬曰：孟公綽。卞莊子之勇，周曰：卞邑大夫。○(卞)皮彦反。冉求之藝文之以禮樂孔曰加之以禮樂文成亦可以為成人矣曰今之成人者何必然見利思義馬曰義然後取不苟得見危授命久要不忘平生之言亦可以為成人矣孔曰久要舊約也平生猶少時子問公叔文子於公明賈曰信乎夫子不言不笑不取乎孔曰公叔文子衞大夫公孫拔文謚公明賈對曰以告者過也夫子時然後言人不厭其言樂然後笑人不厭其笑義然後取人不厭其取子曰其然豈其

然乎馬曰。美其得道。嫌不能悉然。○厭去聲。樂音洛。子曰。臧武仲以防求爲後於魯。雖曰不要君。吾不信也。孔曰。防。武仲故邑。爲後。立後也。魯襄公二十三年。武仲爲孟氏所譖。出奔邾。自邾如防。使爲以大蔡納請曰。紇非敢害也。知不足也。非敢私請。苟守先祀。無廢二勳。敢不辟邑。乃立臧爲。紇致防而奔齊。此所謂要君。○要一遙反。知音智。辟音避。子曰。晉文公譎而不正。鄭曰。譎者。詐也。謂召天子而使諸侯朝之。仲尼曰。以臣召君。不可以訓。故書曰天王狩於河陽。是譎而不正也。○譎音決。齊桓公正而不譎。馬曰。伐楚以公義責包茅之貢不入。問昭王南征不還。是正而不譎也。子路曰。桓公殺公子糾召忽死之管仲不死曰未仁乎孔曰齊襄公立無常鮑叔牙曰君使民慢亂將作矣奉公子小白出奔莒襄公從弟公孫無知弒襄公管夷吾召忽奉公子糾出奔魯齊人殺無知魯伐齊納子糾小白自莒先入是爲桓公乃殺子糾召忽死之。（糾）居黝反（召）音邵（從）才用反子曰桓公九合諸侯不以兵車管仲之力也如其仁如其仁孔曰誰如管仲之仁。九合諸侯史記云兵車之會三乘車之會六穀梁傳云衣裳之會十一范甯注云十三年會北杏十四年會鄄十五年又會鄄十六年會幽二十七年又會幽僖元年會檉二年會貫三年會陽穀五年會首止七年會甯母九年會葵丘凡十一會鄭云。不取北杏及陽穀。爲九也子貢曰。管仲非仁者與。桓公殺公子糾。不能死。又相之。子曰。管仲相桓公。霸諸侯。一匡天下馬曰。匡。正也。天子微弱。桓公帥諸侯以尊周室。一正天下。○(與)音餘(相)息亮反民到于今受其賜受其賜者。謂不被髮左衽之惠。○(被)皮寄反(衽)而審反。一去聲微管仲。吾其被髮左衽矣馬曰。微。無也。無管仲則君不君。臣不臣。皆爲夷狄豈若匹夫匹婦之爲諒也。自經於溝瀆而莫之知也王曰。經死於溝瀆中也。管仲召忽之於公子糾。君臣之義未正成。故死之未足深嘉。不死未足多非。死事既

難。亦在於過厚。故仲尼但美管仲之功。亦不言召忽不當死

公叔文子之臣大夫僎與文子同升諸公孔曰。大夫僎。本文子家臣。薦之使與己並爲大夫。同升在公朝。○(僎)本作撰。士免反

子聞之曰可以爲文矣孔曰。言行如是可謚爲文

子言衛靈公之無道也康子曰夫如是奚而不喪孔子曰仲叔圉治賓客祝鮀治宗廟王孫賈治軍旅夫如是奚其喪孔子言雖無道。所任者各當其才。何爲當喪亡。○(夫)音扶(喪)息浪反。又如字(圉)音語(鮀)音陀

子曰其言之不怍則爲之也難馬曰。怍。慙也。內

憲問

有其實則言之不慙積其實者爲之難陳成子弒簡公。孔子沐浴而朝。告於哀公曰。陳恒弒其君。請討之。馬曰。成子。齊大夫陳恒也。將告君。故先齊。齊必沐浴。○朝直遙反。先齊側皆反公曰。告夫三子。孔曰。謂三卿也。○夫音符。下同孔子曰。以吾從大夫之後。不敢不告也。君曰告夫三子者。馬曰。我禮當告君。不當告三子。君使我往。故復往。○復扶又反。下同之三子告。不可。孔子曰。以吾從大夫之後。不敢不告也。馬曰。孔子由君命之三子告。不可。故復以此辭語之而止子路問事君。子曰。勿欺也而犯之〔孔曰事君之道義不可欺當能犯顏諫爭〕子曰君子上達小人下達〔本爲上末爲下〕子曰古之學者爲己今之學者爲人〔孔曰爲己履而行之爲人徒能言之○爲去聲〕蘧伯玉使人於孔子孔子與之坐而問焉〔孔曰伯玉衞大夫蘧瑗○蘧其居反使文公去聲〕曰夫子何爲對曰夫子欲寡其過而未能也〔言夫子欲寡其過而未能無過〕使者出子曰使乎使乎〔陳曰再言使乎者善之也言使得其人○使所吏反〕子曰不在其位不謀其政曾子曰君子思不出其位

孔曰。不越其職　子曰。君子恥其言而過其行。（行）下孟反。或如字　子曰。君子道者三。我無能焉。仁者不憂。知者不惑。勇者不懼。子貢曰。夫子自道也。（知）音智

子貢方人。孔曰。比方人也。子曰。賜也賢乎哉。夫我則不暇。孔曰。不暇比方人也。（夫）音符　子曰。不患人之不己知。患其不能也。王曰。徒患己之無能。子曰。不逆詐。不億不信。抑亦先覺者。是賢乎。孔曰。先覺人情者。是寧能爲賢乎。或時反怨人。（億）於力反　微生畝謂孔子曰。丘何爲是栖栖

憲問

者與無乃爲佞乎包曰微生姓畝名孔子曰非敢爲佞也疾固也包曰疾世固陋欲行道以化之子曰驥不稱其力稱其德也鄭曰德者調良之謂○驥音冀或曰以德報怨何如子曰何以報德德恩惠之德以直報怨以德報德子曰莫我知也夫子貢曰何爲其莫知子也子貢怪夫子言何爲莫知己故問○夫音符子曰不怨天不尤人馬曰孔子不用於世而不怨天人不知己亦不尤人○怨於表反又於願反下學而上達孔曰下學人事上知天命知我者其天乎聖人

與天地合其德。故曰唯天知己。公伯寮愬子路於季孫馬曰愬。譖也。伯寮。魯人。弟子也。○(寮)力彫反(愬)蘇路反子服景伯以告孔曰。魯大夫子服何忌也。告。告孔子曰夫子固有惑志於公伯寮孔曰。季孫信讒恚子路○(恚)一睡反吾力猶能肆諸市朝鄭曰。吾勢力猶能辯子路之無罪於季孫。使之誅伯寮而肆之。有罪既刑陳其尸曰肆子曰道之將行也與命也道之將廢也與命也公伯寮其如命何○(與)音餘子曰賢者辟世孔曰。世主莫得而臣○(辟)音避。下同其次辟地馬曰。去亂國。適治邦其次辟色孔曰。色斯舉矣其次辟言孔曰有惡言乃去之子曰作者七人矣包曰作爲也爲之者凡七人謂長沮桀溺丈人石門荷蕢儀封人楚狂接輿○沮七餘反荷胡我反蕢其位反下同子路宿於石門晨門曰奚自晨門者閽人也子路曰自孔氏曰是知其不可而爲之者與包曰言孔子知世不可爲而强爲之子擊磬於衞有荷蕢而過孔氏之門者曰有心哉擊磬乎蕢草器也有心謂契契然○荷文公上聲契苦計反一苦結反既而曰鄙哉硜硜乎莫己知也斯已而已矣此硜硜者徒信己而已言亦無益○硜苦耕反

㊁音紀。下斯已同。文公音莫已之已音紀。餘音以。**深則厲淺則揭**包曰。以衣涉水爲厲。揭。揭衣也。言隨世以行已。若過水必以濟。知其不可。則當不爲。○㊂揭起例反。㊂揭衣。起列反。**子曰果哉末之難矣**末知已志而便譏已。所以爲果。末。無也。無難者。以其不能解已之道。○㊂難如字。文去聲㊂解音蟹**子張曰書云高宗諒陰三年不言何謂也**孔曰。高宗。殷之中興王武丁也。諒。信也。陰猶默也。○㊥丁仲反**子曰何必高宗古之人皆然君薨百官總已**馬曰。已。百官**以聽於冢宰三年**孔曰。冢宰天官卿。佐王治者。三年喪畢。然後王自聽政**子曰上好禮則民**

易使也。民莫敢不敬。故易使。○好去聲。易以豉反。子路問君子。子曰。脩己以敬。孔曰。敬其身。曰。如斯而已乎。曰。脩己以安人。孔曰。人謂朋友九族。曰。如斯而已乎。曰。脩己以安百姓。脩己以安百姓。堯舜其猶病諸。孔曰。病猶難也。○難乃旦反。原壤夷俟。馬曰。原壤。魯人。孔子故舊。夷。踞。俟。待也。踞待孔子。子曰。幼而不孫弟。長而無述焉。老而不死。是爲賊。賊。爲賊害。○孫音遜。弟大計反。長丁丈反。以杖叩其脛。孔曰。叩。擊也。脛。脚脛。○叩音口。脛戶定反。闕黨童子將命。馬曰。闕黨之童子將命者。傳賓主之語出入　或問之曰。益者與。子曰。吾見其居於位也童子隅坐無位。成人乃有位。○與音餘　見其與先生並行也。非求益者也。欲速成者也包曰。先生。成人也。並行。不差在後。違禮欲速成人者。則非求益者也

論語卷第七

相臺岳氏刻梓荊谿家塾

論語卷第八

衛靈公第十五

衛靈公問陳於孔子 孔曰。軍陳行列之法。(陳)直刃反 (行)戶剛反 孔子對曰。俎豆之事。則甞聞之矣 孔曰。俎豆。禮器 軍旅之事。未之學也 鄭曰。萬二千五百人爲軍。五百人爲旅。軍旅末事。本未立。不可教以末事 明日遂行。在陳絕糧。從者病。莫能興 孔曰。從者。弟子。興。起也。孔子去衛如曹。曹不容。又之宋。宋遭匡人之難。又之陳。會吴伐陳。陳亂。故乏食。 (從)才用反 (難)乃旦反 子路慍見曰。君子亦有窮。子曰君子固窮。小人窮斯濫矣濫、溢也。君子固亦有窮時。但不如小人窮則濫溢爲非。慍紆問反見賢遍反子曰賜也女以子爲多學而識之者與對曰然孔曰。然謂多學而識之。與音餘下同非與孔曰。問今不然曰非也予一以貫之善有元。事有會。天下殊途而同歸。百慮而一致。知其元則衆善舉矣。故不待多學。一以知之子曰由知德者鮮矣王曰。君子固窮。而子路慍見。故謂之少於知德子曰無爲而治者其舜也與夫何爲哉恭己正南面而已矣言任官得其人。故無爲而治。夫音符子張

衛靈公

問行。子曰。言忠信。行篤敬。雖蠻貊之邦行矣。言不忠信。行不篤敬。雖州里行乎哉鄭曰。萬二千五百家爲州。五家爲鄰。五鄰爲里。行乎哉。言不可行。〇(行)篤。下孟反。下同(貊)亡白反立則見其參於前也。在輿則見其倚於衡也。夫然後行包曰。衡。軛也。言思念忠信。立則常想見參然在目前。在輿則若倚車軛。〇(參)所金切。文公七南反子張書諸紳孔曰。紳。大帶子曰。直哉史魚孔曰。衛大夫史鰌。〇(鰌)音秋邦有道如矢。邦無道如矢孔曰。有道無道。行直如矢。言不曲。〇(行)下孟反君子哉。蘧伯玉。邦有道則仕。邦無道則可卷而懷之。包曰。卷而懷。謂不與時政。柔順不忤於人。卷眷免反。與音預。忤五故反。子曰。可與言而不與言失人。不可與言而與之言失言。知者不失人亦不失言。知音智。子曰。志士仁人。無求生以害仁。有殺身以成仁。孔曰。無求生以害仁。死而後成仁。則志士仁人不愛其身也。子貢問爲仁。子曰。工欲善其事。必先利其器。居是邦也。事其大夫之賢者。友其士之仁者。孔曰。言工以利器爲用。人以賢友爲助。顏淵問爲邦。

子曰。行夏之時。據見萬物之生。以爲四時之始。取其易知。乘殷之輅。馬曰。殷車曰大輅。左傳曰。大輅越席。昭其儉也。○輅音路。越戶括反。服周之冕。包曰。冕。禮冠。周之禮。文而備。取其黈纊塞耳。不任視聽。○黈吐口反。樂則韶舞。韶。舜樂也。盡善盡美。故取之。放鄭聲。遠佞人。鄭聲淫。佞人殆。孔曰。鄭聲佞人。亦俱能感人心。與雅樂賢人同。而使人淫亂危殆。故當放遠之。○遠于萬反。下遠怨同。子曰。人無遠慮。必有近憂。王曰。君子當思患而預防之。子曰。已矣乎。吾未見好德如好色者也。○好呼報反。下好行同。子曰。臧文仲其竊位者與。

知柳下惠之賢而不與立也孔曰柳下惠展禽也知賢而不舉是爲竊位○者與音餘子曰躬自厚而薄責於人則遠怨矣孔曰責己厚責人薄所以遠怨咎子曰不曰如之何孔曰不曰如之何者猶言不曰奈是何如之何者吾末如之何也巳矣孔曰如之何者言禍難巳成吾亦無如之何子曰羣居終日言不及義好行小慧難矣哉鄭曰小慧謂小小之才知難矣哉言終無成子曰君子義以爲質禮以行之孫以出之信以成之君子哉鄭曰義以爲質謂操行孫以出之謂言語

孫音遜。子曰。君子病無能焉。不病人之不己知也。包曰。君子之人。但病無聖人之道。不病人之不知己。子曰。君子疾沒世而名不稱焉。疾猶病也。子曰。君子求諸己。小人求諸人。君子責己。小人責人。子曰。君子矜而不爭。包曰。矜矜莊也。群而不黨。孔曰。黨。助也。君子雖衆。不相私助。義之與比。子曰。君子不以言舉人。包曰。有言者不必有德。故不可以言舉人。不以人廢言。王曰。不可以無德而廢善言。子貢問曰。有一言而可以終身行之者乎。子曰。其恕乎。己所不欲。勿施於人言己之所惡。勿加施於人。子曰。吾之於人也。誰毀誰譽。如有所譽者。其有所試矣。包曰。所譽者輒試以事。不虛譽而已。○（音）譽音餘斯民也。三代之所以直道而行也馬曰。三代。夏殷周。用民如此。無所阿私。所以云直道而行。子曰。吾猶及史之闕文也。包曰。古之良史。於書字有疑則闕之。以待知者。有馬者借人乘之。今亡矣夫。包曰。有馬不能調良。則借人乘習之。孔子自謂及見其人如此。至今無有矣。言此者。以俗多穿鑿。子曰。巧言亂德。小不忍則亂大謀。孔曰。巧言利口則亂德義。小不忍則亂大謀。子曰。衆惡之必察焉。衆好之必察焉。王曰。或衆阿黨比周。或其人特立不羣。故好惡不可不察也。○惡烏路反。好呼報反。子曰。人能弘道。非道弘人。王曰。才大者道隨大。才小者道隨小。故不能弘人。子曰。過而不改。是謂過矣。子曰。吾嘗終日不食。終夜不寢。以思。無益。不如學也。子曰。君子謀道不謀食。耕也。餒在其中矣。學也。祿在其中矣。君子憂道不憂貧。鄭曰。餒。餓也。言人雖念耕而不學。故飢餓。學則得祿。雖不耕而不餒。此勸人學。○餒奴罪反。子曰。知及之。仁不能守之。雖

得之。必失之 包曰。知能及治其官。而仁不能守。雖得之。必失之。○知音智。下同

知及之。仁能守之。不莊以涖之。則民不敬 包曰。不嚴以臨之。則民不敬從其上。○涖音利。又音類

知及之。仁能守之。莊以涖之。動之不以禮。未善也 王曰。動必以禮。然後善

子曰。君子不可小知。而可大受也。小人不可大受。而可小知也 王曰。君子之道深遠。不可小了知。而可大受。小人之道淺近。可小了知。而不可大受也

子曰。民之於仁也。甚於水火 馬曰。水火及仁。皆民所仰而生者。仁最爲甚 水火吾見蹈而

死者矣。未見蹈仁而死者也馬曰。蹈水火或時殺人。蹈仁未嘗殺人。○蹈徒報反

子曰。當仁不讓於師孔曰。當行仁之事。不復讓於師。言行仁急。○復扶又反

子曰。君子貞而不諒孔曰。貞。正。諒。信。也。君子之人。正其道耳。言不必小信

子曰。事君敬其事而後其食孔曰。先盡力而後食祿

子曰。有教無類馬曰。言人所在見教。無有種類

子曰。道不同。不相爲謀。○爲于僞反

子曰。辭達而已矣孔曰。凡事莫過於實。辭達則足矣。不煩文豔之辭

師冕見孔曰。師。樂人盲者。名冕。○見賢遍反及階。子曰。階也。及席。子曰。席

也。坐。子告之曰。某在斯。某在斯。孔曰。歷告以坐中人姓字所在處。師冕出。子張問曰。與師言之道與。子曰。然。固相師之道也。馬曰。相。導也。○道與音餘。相息亮反

季氏第十六

季氏將伐顓臾。冉有季路見於孔子曰。季氏將有事於顓臾。孔曰。顓臾。伏羲之後。風姓之國。本魯之附庸。當時臣屬魯。季氏貪其土地。欲滅而取之。冉有與季路爲季氏臣。來告孔子。○見賢遍反孔子曰。求。無乃爾是過與。孔曰。冉求爲季氏宰。相其室。爲之聚斂。故孔子

獨疑求教之。與音餘。下同夫顓臾昔者先王以爲東蒙主。孔曰：使主祭蒙山。○夫音符。下同且在邦域之中矣孔曰：魯七百里之封，顓臾爲附庸，在其域中。是社稷之臣也，何以伐爲？孔曰：已屬魯爲社稷之臣，何用滅之爲？冉有曰：夫子欲之，吾二臣者皆不欲也。孔曰：歸咎於季氏。孔子曰：求！周任有言曰：陳力就列，不能者止。馬曰：周任，古之良史。言當陳其才力，度己所任，以就其位，不能則當止。○任音壬危而不持，顛而不扶，則將焉用彼相矣？包曰：言輔相人者，當能持危扶顛。若不能，何用相爲？

息亮反。下同。○且爾言過矣。虎兕出於柙，龜玉毀於櫝中，是誰之過與。馬曰：柙，檻也。櫝，匱也。失虎毀玉，豈非典守之過邪。○兕，徐履反。柙，戶甲反。冉有曰：今夫顓臾固而近於費。馬曰：固，謂城郭完堅，兵甲利也。費，季氏邑。○費，悲位反。今不取，後世必爲子孫憂。孔子曰：求，君子疾夫孔曰：疾如汝之言。○夫音符。舍曰欲之，而必爲之辭。孔曰：舍其貪利之說，而更作他辭，是所疾也。○舍音捨。丘也聞有國有家者，不患寡而患不均，孔曰：國，諸侯。家，卿大夫。不患土地人民之寡少，患政理之不均平。不患貧而患不安孔曰：憂不能安民耳。民安則國富。蓋均無貧，和無寡，安無傾。包曰：政教均平，則不貧矣。上下和同，不患寡矣。小大安寧，不傾危矣。夫如是，故遠人不服，則脩文德以來之。既來之，則安之。今由與求也，相夫子，遠人不服而不能來也；邦分崩離析，而不能守也；孔曰：民有異心曰分，欲去曰崩，不可會聚曰離析。而謀動干戈於邦內。孔曰：干，楯也。戈，戟也。○楯，食允反。吾恐季孫之憂不在顓臾，而在蕭牆之內也。鄭曰：蕭之言肅也。牆謂屏也。君臣相見之禮，至屏而加肅敬臣是以謂之蕭牆。後季氏家臣陽虎。果囚季桓子。孔子曰天下有道。則禮樂征伐自天子出。天下無道。則禮樂征伐自諸侯出。自諸侯出。蓋十世希不失矣孔曰。希少也。周幽王爲犬戎所殺。平王東遷。周始微弱。諸侯自作禮樂。專行征伐。始於隱公。至昭公十世。失政死於乾侯。○乾音干自大夫出。五世希不失矣孔曰。季文子初得政。至桓子五世。爲家臣陽虎所囚陪臣執國命。三世希不失矣馬曰。陪。重也。謂家臣陽虎爲季氏家臣。至虎三世而出奔齊。○重直龍反天下有道。則政不在大夫孔曰。制之由君天下有道則庶人不議孔曰。無所非議孔子曰。祿之去公室。五世矣鄭曰。言此之時。魯定公之初。魯自東門襄仲殺文公之子赤而立宣公。於是政在大夫。爵祿不從君出。至定公爲五世矣政逮於大夫。四世矣孔曰。文子。武子。悼子。平子故夫三桓之子孫微矣孔曰。三桓。謂仲孫叔孫季孫。三卿皆出桓公。故曰三桓也。仲孫氏改其氏稱孟氏。至哀公皆衰孔子曰。益者三友。損者三友。友直。友諒。友多聞。益矣。友便辟馬曰。便辟。巧辟人之所忌。以求容媚。○便婢綿反　辟婢亦反友善柔馬曰。面柔也友便佞。損矣鄭曰。便。辯也。謂佞而辯孔子曰。益者三樂。損者三樂。樂節禮樂。動得禮樂之節。○㊣樂五教反。下同。樂道人之善。樂多賢友。益矣。樂禮㊣樂音岳驕樂。孔曰。恃尊貴以自恣。○驕㊣樂音洛。下宴樂同。樂佚遊。王曰。佚遊。出入不節。○㊣佚本作逸樂宴樂。損矣。孔曰。宴樂。沈荒淫瀆。三者自損之道。孔子曰。侍於君子有三愆。孔曰。愆。過也言未及之而言。謂之躁。鄭曰。躁。不安靜。○㊣躁早報反言及之而不言。謂之隱。孔曰。隱。匿。不盡情實未見顏色而言。謂之瞽。周曰。未見君子顏色所趣向。而便逆先意語者。猶瞽也孔子曰。君子有三戒。

季氏

少之時。血氣未定。戒之在色。及其壯也。血氣方剛。戒之在鬭。及其老也。血氣既衰。戒之在得。孔曰。得。貪得。○少詩照反孔子曰。君子有三畏。畏天命順吉逆凶。天之命也畏大人大人即聖人。與天地合其德畏聖人之言深遠不可易知測。聖人之言也小人不知天命。而不畏也恢疏。故不知畏狎大人直而不肆。故狎之。○狎戶甲反侮聖人之言不可小知。故侮之孔子曰。生而知之者。上也。學而知之者。次也。困而學之。又其次也孔曰。困。謂有所不通困而不學民斯爲下矣孔子曰君子有九思視思明聽思聰色思溫貌思恭言思忠事思敬疑思問忿思難見得思義○忿芳粉反難乃旦反孔子曰見善如不及見不善如探湯吾見其人矣吾聞其語矣孔曰探湯喻去惡疾○探吐南反隱居以求其志行義以達其道吾聞其語矣未見其人也齊景公有馬千駟死之日民無德而稱焉孔曰千駟四千匹伯夷叔齊餓于首陽之下馬曰首陽山在河東

蒲坂縣。華山之北。河曲之中○坂音反。華如字。又戶化反民到于今稱之。其斯之謂與王曰。此所謂以德爲稱。○與音餘陳亢問於伯魚曰子亦有異聞乎馬曰。以爲伯魚孔子之子。所聞當有異。○亢音剛。又苦浪反對曰未也嘗獨立孔曰。獨立。謂孔子鯉趨而過庭曰學詩乎對曰未也不學詩無以言鯉退而學詩他日又獨立鯉趨而過庭曰學禮乎對曰未也不學禮無以立鯉退而學禮聞斯二者陳亢退而喜曰問一得三聞詩聞禮。

又聞君子之遠其子也。邦君之妻，君稱之曰夫人。夫人自稱曰小童。邦人稱之曰君夫人。稱諸異邦曰寡小君。異邦人稱之，亦曰君夫人。孔曰。小君。君夫人之稱。對異邦謙。故曰寡。小君。當此之時。諸侯嫡妾不正。稱號不審。故孔子正言其禮也。○遠于萬反

論語卷第八

相臺岳氏刻梓荊谿家塾

論語卷第九

陽貨第十七

陽貨欲見孔子，孔子不見。孔曰：陽貨，陽虎也。季氏家臣，而專魯國之政。欲見孔子，使仕。歸孔子豚。孔曰：欲使往謝，故遺孔子豚。○歸，如字。鄭作饋。豚，徒門反。孔子時其亡也，而往拜之，遇諸塗。孔曰：塗，道也。於道路與相逢。謂孔子曰：來，予與爾言。曰：懷其寶而迷其邦，可謂仁乎？曰：不可。馬曰：言孔子不仕，是懷寶也。知國不治而不為政，是迷邦也。好從事而亟失時，可謂知

陽貨

乎曰不可 孔曰言孔子栖栖好從事而數不遇失時不得爲有知 ○ 好呼報反 日月逝矣歲不我與 馬曰年老歲月已往當急仕 ○ 亟去冀反 知音智 孔子曰諾吾將仕矣 孔曰以順辭免 子曰性相近也習相遠也 孔曰君子慎所習 子曰唯上知與下愚不移 孔曰上知不可使爲惡下愚不可使強賢 ○ 強其丈反 子之武城聞弦歌之聲 孔曰子游爲武城宰 夫子莞爾而笑 莞爾小笑貌 ○ 莞華版反 曰割雞焉用牛刀 孔曰言治小何須用大道 子游對曰昔者偃也聞諸夫子曰君子學道則愛

人。小人學道則易使也　孔曰。道。謂禮樂也。樂以和人。人和則易使　○（易）以豉反

子曰二三子　○孔曰。從行者　（從）才用反　偃之言是也。前言戲之耳　孔曰。戲以治小而用大道

公山弗擾以費畔。召子欲往　孔曰。弗擾爲季氏宰。與陽虎共執季桓子。而召孔子　○（費）悲位反

子路不說曰末之也已何必公山氏之之也　孔曰。之。適也。無可之則止。何必公山氏之適　○（說）音悅

子曰夫召我者[illegible]哉。如有用我者。吾其爲東周乎　興周道於東方。故曰東周

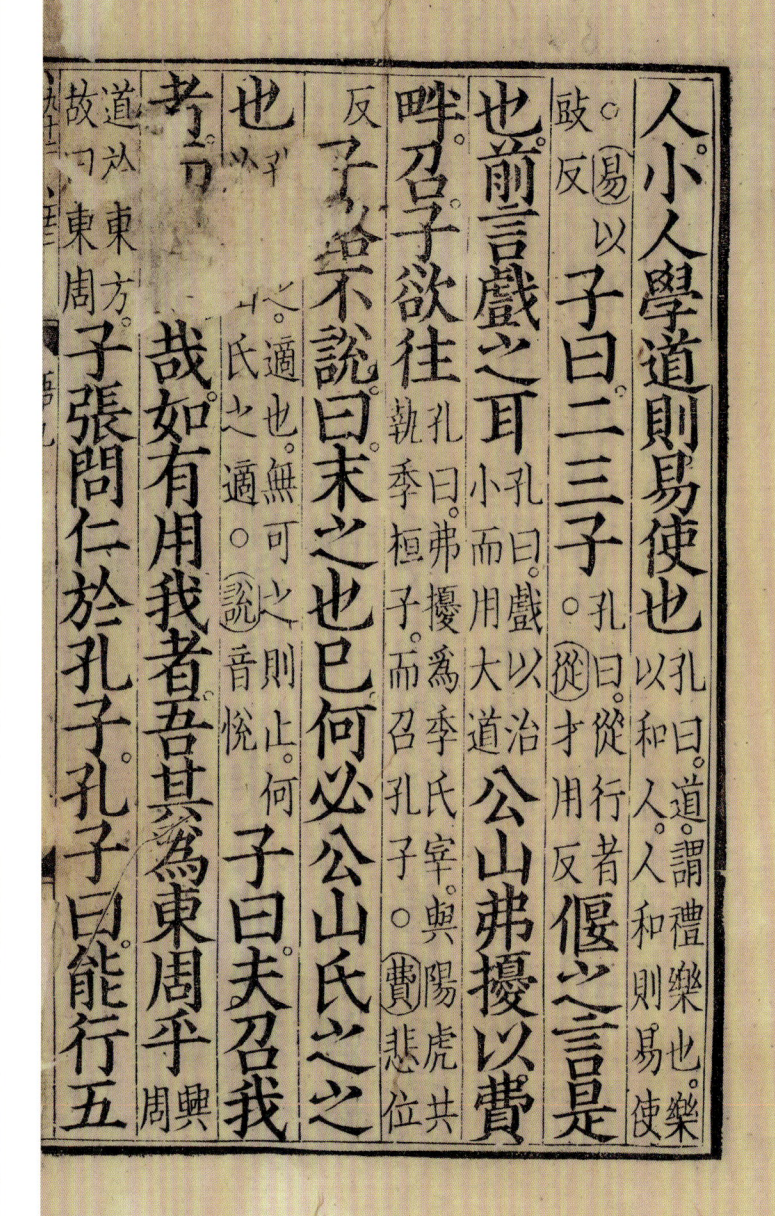

子張問仁於孔子。孔子曰能行五

者於天下爲仁矣請問之曰恭寬信敏惠恭則不侮孔曰不見侮慢寬則得衆信則人任焉敏則有功孔曰應事疾則多成功惠則足以使人佛肸召子欲往孔曰晉大夫趙簡子之邑宰○佛音弼肸許密反子路曰昔者由也聞諸夫子曰親於其身爲不善者君子不入也孔曰不入其國佛肸以中牟畔子之往也如之何子曰然有是言也不曰堅乎磨而不磷不曰白乎涅而不緇孔曰磷薄也涅可以染皁言至堅者磨之而不

薄。至白者染之於涅而不黑。喻君子雖在濁亂。濁亂不能汚。○磷力刃反　涅乃結反　緇側其反

吾豈匏瓜也哉焉能繫而不食　匏。瓠也。言瓠瓜得繫一處者。不食也。吾自食物。當東西南北。不得如不食之物繫滯一處。○匏薄交反

子曰由也女聞六言六蔽矣乎　六言六蔽者。謂下六事。仁。知。信。直。勇。剛也。

對曰未也居吾語汝　孔曰。子路起對。故使還坐。○語去聲

好仁不好學其蔽也愚　孔曰。仁者愛物。不知所以裁之則愚。○好呼報反。下同

好知不好學其蔽也蕩　孔曰。蕩。無所適守。○適丁歷反

好信不好學其蔽也賊　孔曰。父子不知相爲隱之輩。○爲于

偽反好直不好學其蔽也絞好勇不好學其蔽也亂好剛不好學其蔽也狂孔曰狂妄抵觸人○（絞）交卯反子曰小子何莫學夫詩包曰小子門人也詩可以興孔曰興引譬連類○（興）許應反可以觀鄭曰觀風俗之盛衰可以羣孔曰羣居相切磋可以怨孔曰怨刺上政邇之事父遠之事君孔曰邇近也多識於鳥獸草木之名子謂伯魚曰女爲周南召南矣乎人而不爲周南召南其猶正牆面而立也與馬曰周南召南國風之始樂得淑女以配君子

三綱之首。王教之端。故人而不爲。如向牆而立。○(召)上照反(與)音餘。下同 **子曰禮云禮云玉帛云乎哉** 鄭曰。玉。圭璋之屬。帛。束帛之屬。言禮非但崇此玉帛而已。所貴者。乃貴其安上治民 **樂云樂云鐘鼓云乎哉** 馬曰。樂之所貴者。移風易俗。非謂鐘鼓而已 **子曰色厲而內荏** 孔曰。荏。柔也。爲外自矜厲而內柔佞○(荏)而審反 **譬諸小人其猶穿窬之盜也與** 孔曰。爲人如此。猶小人之有盜。穿。穿壁。窬。窬牆。○(窬)音俞 **子曰。鄉原德之賊也** 周曰。所至之鄉。輒原其人情。而爲意以待之。是賊亂德也。一曰。鄉。向也。古字同。謂人不能剛毅。而見人輒原其趣向。容媚而合之。言此所以賊德○

鄉原。如字。又許

子曰道聽而塗說德之棄也馬曰。聞之於道路。則傳而說之

子曰鄙夫可與事君也與哉孔曰。言不可與事君。○與哉。音餘

其未得之也患得之患得之者。患不能得之。楚俗言

既得之患失之苟患失之無所不至矣鄭曰。無所不至者。言其邪媚無所不爲

子曰古者民有三疾、今也或是之亡也包曰。言古者民疾與今時異

古之狂也肆包曰。肆。極意敢言

今之狂也蕩孔曰。蕩。無所據

古之矜也廉馬曰。有廉隅。○廉。魯讀廉爲貶

今之矜也忿戾孔曰。惡理多怒

古之

愚也直今之愚也詐而已矣子曰巧言令色鮮矣仁王曰巧言無實令色無質子曰惡紫之奪朱也孔曰朱正色紫閒色之好者惡其邪好而奪正色○惡烏路反下同惡鄭聲之亂雅樂也包曰鄭聲淫聲之哀者惡其亂雅樂惡利口之覆邦家者孔曰利口之人多言少實苟能悅媚時君傾覆國家○覆芳服反子曰予欲無言子貢曰子如不言則小子何述焉言之爲益少故欲無言子曰天何言哉四時行焉百物生焉天何言哉孺悲欲見孔子孔子辭以疾將

命者出。取瑟而歌。使之聞之。孺悲魯人也。孔子不欲見。故辭之、疾。為其將命者不已。故歌令將命者悟。所以令孺悲思之。○（為）于偽反宰

我問。三年之喪期已久矣。君子三年不為禮。

禮必壞。三年不為樂。樂必崩。舊穀既沒。新穀

既升。鑽燧改火。期可已矣。馬曰。周書月令有更火之文。春取榆柳之火。夏取棗杏之火。季夏取桑柘之火。秋取柞楢之火。冬取槐檀之火。一年之中。鑽火各異木。故曰改火也。○（期）音基。下同。（鑽）子官反。（更）古衡反。（柞）子各反。（楢）羊久反。子曰。

食夫稻。衣夫錦。於女安乎。曰。安。女安則為之。

夫君子之居喪，食旨不甘，聞樂不樂，居處不安，故不為也。今女安，則為之。孔曰：旨，美也。責其無仁恩於親，故再言女安則為之。○食，音嗣。衣，於既反。不樂，音洛。宰我出。子曰：予之不仁也！子生三年，然後免於父母之懷。馬曰：子生未三歲，為父母所懷抱。夫三年之喪，天下之通喪也。孔曰：自天子達於庶人。予也有三年之愛於其父母乎？孔曰：言子之於父母，欲報之恩，昊天罔極，而子也有三年之愛乎。○昊，胡老反。子曰：飽食終日，無所用心，難矣哉！不有博弈者

乎為之猶賢乎已　馬曰。為其無所據樂。善生淫欲。○為其于僞反　樂五教反。又音洛

子路曰君子尚勇乎子曰君子義以為上君子有勇而無義為亂小人有勇而無義為盜

子貢曰君子亦有惡乎子曰有惡惡稱人之惡者　包曰。好稱說人之惡。所以為惡。○惡除之惡。惡為惡。如字。餘竝烏路反

惡居下流而訕上者　孔曰。訕。謗毀。○訕所諫反

惡勇而無禮者惡果敢而窒者　馬曰。窒。窒塞也。○窒珍栗反

曰賜也亦有惡乎惡徼以為知者　孔曰。徼。抄也。抄人之意以為己。

有。(徼)古堯反(知)音智(抄)初交反惡不孫以爲勇者。惡訐以爲直者。包曰。訐。謂攻發人之陰私○(孫)音遜。下同(訐)居謁反子曰唯女子與小人爲難養也。近之則不孫。遠之則怨○(遠)于萬反(近)去聲子曰年四十而見惡焉其終也已鄭曰。年在不惑。而爲人所惡。終無善行。○(惡)烏故反(行)下孟反

微子第十八

微子去之。箕子爲之奴。比干諫而死馬曰。微。箕。二國紂子。紂之庶兄。箕子。比干。紂之諸
紂無道。早去之。[illegible]狂爲奴。比

子曰殷有三仁焉仁者愛人三人行異而同稱仁憂亂寧孟反柳下惠爲士師孔曰士師典獄之官三黜人曰子未可以去乎曰直道而事人焉往而不三黜孔曰苟直道以事人所至之國俱當復三黜○㊂息暫反又如字㊇勑律反枉道而事人何必去父母之邦齊景公待孔子曰若季氏則吾不能以季孟之閒待之孔曰魯三卿季氏爲上卿最貴孟氏爲下卿不用事言待之以二者之閒曰吾老矣不能用也孔子行以聖道難成故云吾老不能用齊

仕無義鄭曰留言以語丈人之二子長幼之節不可廢也君臣之義如之何其廢之孔曰言女知父子相養不可廢反可廢君臣之義邪○長上聲欲絜其身而亂大倫包曰倫道理也君子之仕也行其義也道之不行已知之矣包曰言君子之仕所以行君臣之義不必自己道得行孔子道不見用自己知之○已知音紀一音以逸民伯夷叔齊虞仲夷逸朱張柳下惠少連逸民者節行超逸也包曰此七人皆逸民之賢者○少詩照反子曰不降其志不辱其身伯夷叔齊與鄭曰言其直己之心不入

之朝音餘謂柳下惠少連降志辱身矣言中

倫行中慮其斯而已矣孔曰但能言應倫理行應思慮如此而已

（隱）息□反下同又如字謂虞仲夷逸隱居放言包曰

放置也不復言世務○（遯）扶又反身中清廢中權馬曰清純絜也遭亂

世自廢棄以免患合於權也我則異於是無可無不可馬曰

亦不必進亦不必退惟義所在大師摯適齊亞飯干適楚孔曰

亞次也次飯樂師也摯干皆名○（大）音泰（摯）音至（飯）扶晚反下同三飯繚適

蔡四飯缺適秦包曰三飯四飯樂章名各異師繚缺皆名也○（繚）音了

人歸女樂。季桓子受之。三日不朝。孔子行。孔曰。桓子。季孫斯。使定公受齊女樂。君臣相與觀之。廢朝禮三日。○歸如字。鄭作饋。楚狂接輿歌而過孔子曰。孔曰。接輿。楚人。佯狂而來歌。欲以感切孔子。鳳兮鳳兮。何德之衰。孔曰。比孔子於鳳鳥。鳳鳥待聖君乃見。非孔子周行求合。故曰衰。賢遍反往者不可諫。孔曰。已往所行。不可復諫止。○來者猶可追。孔曰。自今已來。可追自止。辟亂隱居。○辟音避。已而。已而。今之從政者殆而。孔曰。已而已而者。言世亂復治也。再傷之深也孔子下。欲與之言。趨而…長沮桀溺耦而耕。…與之言包曰。下下車之使子路問津焉鄭曰。長沮桀溺。隱者也。耜廣五寸。二…津濟渡處。…反(廣)古曠反長沮曰夫執輿者爲誰。子路曰爲孔丘。曰是魯孔丘與。曰是也。曰是知津矣馬曰。言數周流。自知津處。(夫)音符問於桀溺。桀溺曰。子爲誰。曰爲仲由。曰是魯孔丘之徒與。對曰。然。曰滔滔者天下皆是也。而誰以易之孔曰。滔滔。周流之貌。言當今天下治亂同。空舍此適彼。故曰誰以易之。(滔)吐刀反且而與其從辟人之士也豈若從辟世之士哉士有辟人之法。有辟世之法。長沮桀溺謂孔子爲士。從辟人之法。己之爲士。則從辟世之法。○辟音避耰而不輟鄭曰。耰。覆種也。輟。止也。覆種不止。不以津告。○耰音憂。輟張劣反。種章勇反子路行以告夫子憮然爲其不達己意。而便非己也。○憮音呼。又音武。文公同曰鳥獸不可與同羣孔曰。隱於山林是同羣吾非斯人之徒與而誰與孔曰。吾自當與此天下人同羣。安能去人從鳥獸居乎。○與誰與竝如字。又音餘天下有道丘不[illegible]凡天下有道者。丘皆不[illegible]與易也。己大而人小故也子路從而

以杖荷蓧包曰丈人老人也蓧竹器○從才用反荷何可

問曰子見夫子乎丈人曰四體

穀詐○分不分孰爲夫子包曰丈人云不勤勞四體不分殖五

草曰子而索之邪鄭扶問反植其杖而芸孔曰植倚也除

植音反子路拱而立未知所以荅止子路

隹反宿殺雞爲黍而食之見其二子焉明日子路

行以告子曰隱者也使子路反見之至則行

矣孔曰子路反至其家丈人出行不在○食音嗣見其賢遍反子路曰不

鼓方叔入於河包曰。鼓。擊鼓者。方叔。名。入。謂居於河內播鼗武
入於漢孔曰。播。搖也。武。名也。○播彼佐反鼗徒刀反少師陽擊磬
襄入於海孔曰。魯哀公時。禮壞樂崩。樂人皆去。陽。襄。皆名。○少詩照反周
公謂魯公曰孔曰。魯公。周公之子伯禽。封於魯君子不施其
親孔曰。施。易也。不以他人之親易己之親○施詩紙反。又詩豉反。孔云。以支反不
使大臣怨乎不以孔曰。以。用也。怨不見聽用故舊無大故
則不棄也。無求備於一人孔曰。大故。謂惡逆之事周有
伯達伯适仲突仲忽叔夜叔夏季隨季

周時四乳生八子。皆爲顯士。故記之

騧丁□八士。鄭云成王時。劉向馬融云宣王

時（騧）古花反（乳）如注反。又

如主反（生）所幸反。又如字

論語卷第九

論語卷第十

子張第十九

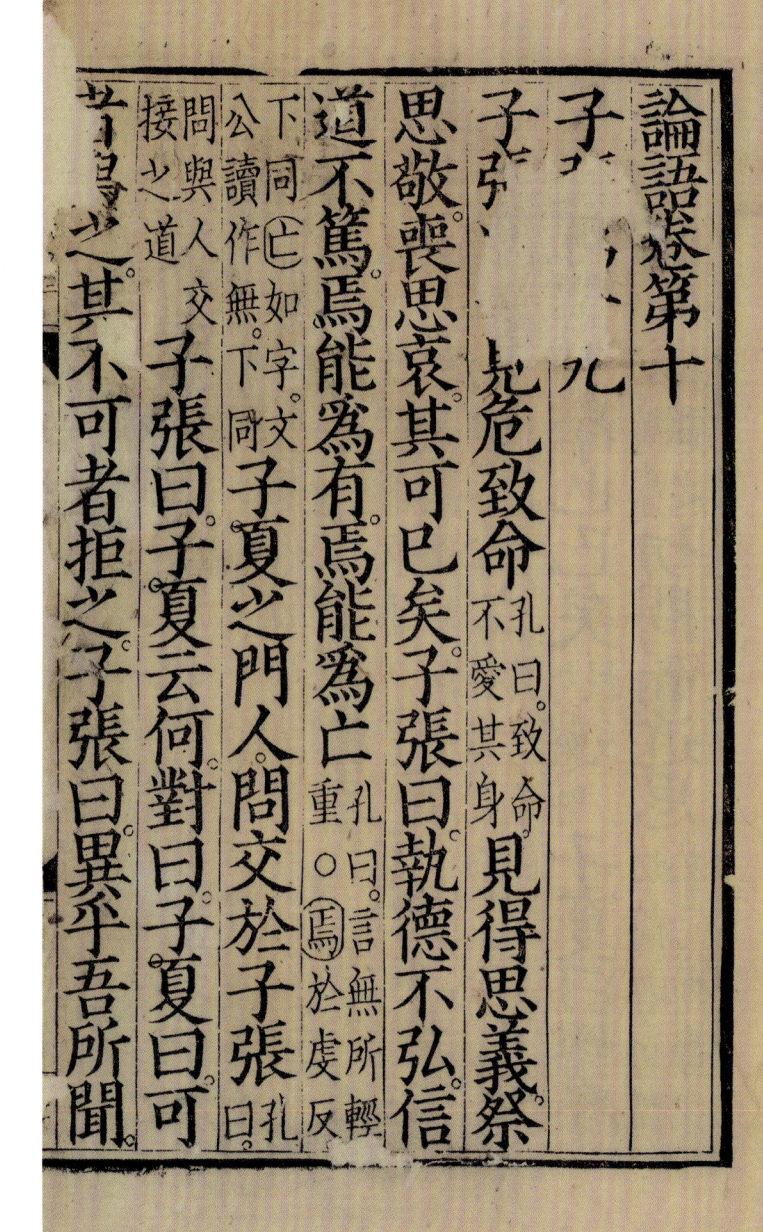

子張曰士見危致命（孔曰致命不愛其身）見得思義祭思敬喪思哀其可已矣子張曰執德不弘信道不篤焉能爲有焉能爲亡（孔曰言無所輕重○焉於虔反下同（巳）如字文公讀作無下同）子夏之門人問交於子張（孔曰問與人交接之道）子張曰子夏云何對曰子夏曰可者與之其不可者拒之子張曰異乎吾所聞

賢而容衆嘉善而矜不能我之大賢與人何所不容我之不賢與人將拒我如之何其拒人也包曰友交當如子夏汎交當如子張〇〔與〕音餘下同〔拒〕具呂反

子夏曰雖小道必有可觀者焉小道謂異端致遠恐泥包曰泥難不通〇〔泥〕乃細反〔難〕乃旦反是以君子不爲也

子夏曰日知其所亡孔曰日知其所未聞月無忘其所能可謂好學也已矣〇〔好〕呼報反

子夏曰博學而篤志孔曰廣學而厚識之切問而近思切問者切問於己所學未

子張

譬如草木。異類區別。言學當以次 ○ 別彼列反 君子之道。焉可誣也 馬曰。君子之道。焉可使誣。言我門人但能洒掃而已 ○ 焉於虔反 有始有卒者。其唯聖人乎 孔曰。始終如一。唯聖人耳 子夏曰。仕而優則學 馬曰。行有餘力。則以學文 ○ 行下孟反 學而優則仕。子游曰。喪致乎哀而止 孔曰。毀不滅性 子游曰。吾友張也。爲難能也 包曰。言子張容儀之難及 然而未仁。曾子曰。堂[illegible]乎張也。難與並爲仁矣 鄭曰。言子張容儀盛。而於仁道薄也

[illegible]吾聞諸夫子。人未有自致[illegible]必也

馬曰。言人雖未自致盡於

他事。至於親必自致盡。曾子曰。吾聞諸夫子。孟莊子之孝也。其他可能也。其不改父之臣與父之政。是難能也。馬曰。孟莊子。魯大夫仲孫速也。謂在諒陰之中。父臣及父政。雖有不善者。不忍改也。

孟氏使陽膚爲士師。包曰。陽膚。曾子弟子。士師。典獄之官。問於曾子。曾子曰。上失其道。民散久矣。如得其情。則哀矜而勿喜。馬曰。民之離散。爲輕漂犯法。乃上之所爲。非民之過。當哀矜之。勿自喜能得其情。○漂匹照反

子貢曰。紂之不善。不如是之甚也。是以

悟之事。近思者。思己所未能及之事。汎問所未學。遠思所未達。則於所習者不精。所思者不解。○(解)音蟹仁在其中矣子夏曰百工居肆以成其事君子學以致其道包曰言百工處其肆則事成猶君子學以致其道子夏曰小人之過也必文孔曰文飾過不言情實○(文)文公去聲子夏曰君子有三變望之儼然即之也溫聽其言也厲鄭曰厲嚴正○(儼)魚檢反子夏曰君子信而後勞其民未信則以為厲己也王曰厲猶病也○(厲)信而後諫未信則以為謗己也子夏不踰閑孔曰閑猶法也小德出入可也孔曰小德不能不踰法故曰出入可子游曰子夏之門人小子當洒埽應對進退則可矣抑末也本之則無如之何包曰言子夏弟子但當對賓客脩威儀禮節之事則可然此但是人之末事耳不可無其本故云本之則無如之何○洒色買反又所綺反埽素報反子夏聞之曰噫孔曰噫心不平之聲○噫於其反言游過矣君子之道孰先傳焉孰後倦焉包曰言先傳業者必先厭倦故我門人先教以小事後將教以大道譬諸草木區以別矣馬曰言大道與小道殊異

子張

惡居下流天下之惡皆歸焉孔曰紂為不善以喪天下後世憎甚之皆以天下之惡歸之於紂○惡居烏路反喪息浪反子貢曰君子之過也如日月之食焉過也人皆見之更也人皆仰之孔曰更改也○更文公平聲衛公孫朝馬曰公孫朝衛大夫○朝直遙反問於子貢曰仲尼焉學子貢曰文武之道未墜於地在人賢者識其大者不賢者識其小者莫不有文武之道焉夫子焉不學孔曰文武之道未墜落於地賢與不賢各有所識夫子無所不從學○焉

反(識)式 音志 而亦何常師之有 孔曰。無所不從學。故無常師

叔孫武叔語大夫於朝 馬曰。魯大夫叔孫州仇。武。謚 ○ (語)魚據反 (朝)直遥反

曰子貢賢於仲尼子服景伯以告

子貢子貢曰譬之宮牆賜之牆也及肩闚見

室家之好夫子之牆數仞不得其門而入不

見宗廟之美百官之富得其門者或寡矣 包曰。七尺曰仞 ○ (闚)棄規反 (好)如字。舊呼報反 (數)色主反

夫子之云不亦宜乎 包曰。夫子。謂武叔

叔孫武叔毀仲尼子貢曰無以

之辭命禹曰予小子履敢用玄牡敢昭告于皇皇后帝孔曰。履。殷湯名。此伐桀告天之文。殷家尚白。未變夏禮。故用玄牡。皇。大。后。君也。大大君帝。謂天帝也。墨子引湯誓。其辭若此。有罪不敢赦包曰。順天奉法。有罪者不[illegible]赦帝臣不蔽簡在帝心言桀居帝臣之位。罪過不[illegible]其[illegible]心故朕躬有罪無以萬方萬方有罪[illegible]躬孔曰。無以萬方。萬方不與也。[illegible]方有罪。我身之過。⊙與音預[illegible]周[illegible]是富周。周家。賚。賜也。言周家受天大賜。富於善人。有亂臣[illegible]雖有周親不如仁人孔曰。親而不[illegible]不忠[illegible]

[illegible]反

管蔡是也。仁人來則用之。百姓有過在予一人。

度修廢官。四方之政行焉。包曰。權秤

興滅國繼絕也舉逸民天下之民

重民食喪祭孔曰。重民。國之本也。重食。民之命也。重喪

重敬寬則得衆。信則民任焉。敏則有

功則說孔曰。言政教公平則民說矣。凡此二帝三王所以治也。故傳以示後

世。曰悅子張問於孔子曰。何如斯可以從政

矣。子曰。尊五美屏四惡。斯可以從政矣。孔曰。屏。除

堯曰

爲也。仲尼不可毀也。他人之賢者，丘陵也，猶可踰也；仲尼，日月也，無得而踰焉。人雖欲自絕，其何傷於日月乎？多見其不知量也。言人雖自絕棄於日月，其何能傷之乎？適足自其不知量也。○量音亮。陳子禽謂子貢曰：「子爲恭也，仲尼豈賢於子乎？」子貢曰：「君子一言以爲知，一言以爲不知，言不可不愼也。夫子之不可及也，猶天之不可階而升也。夫子之得邦家者，孔曰：謂爲諸侯若夫。○知音智。

謂

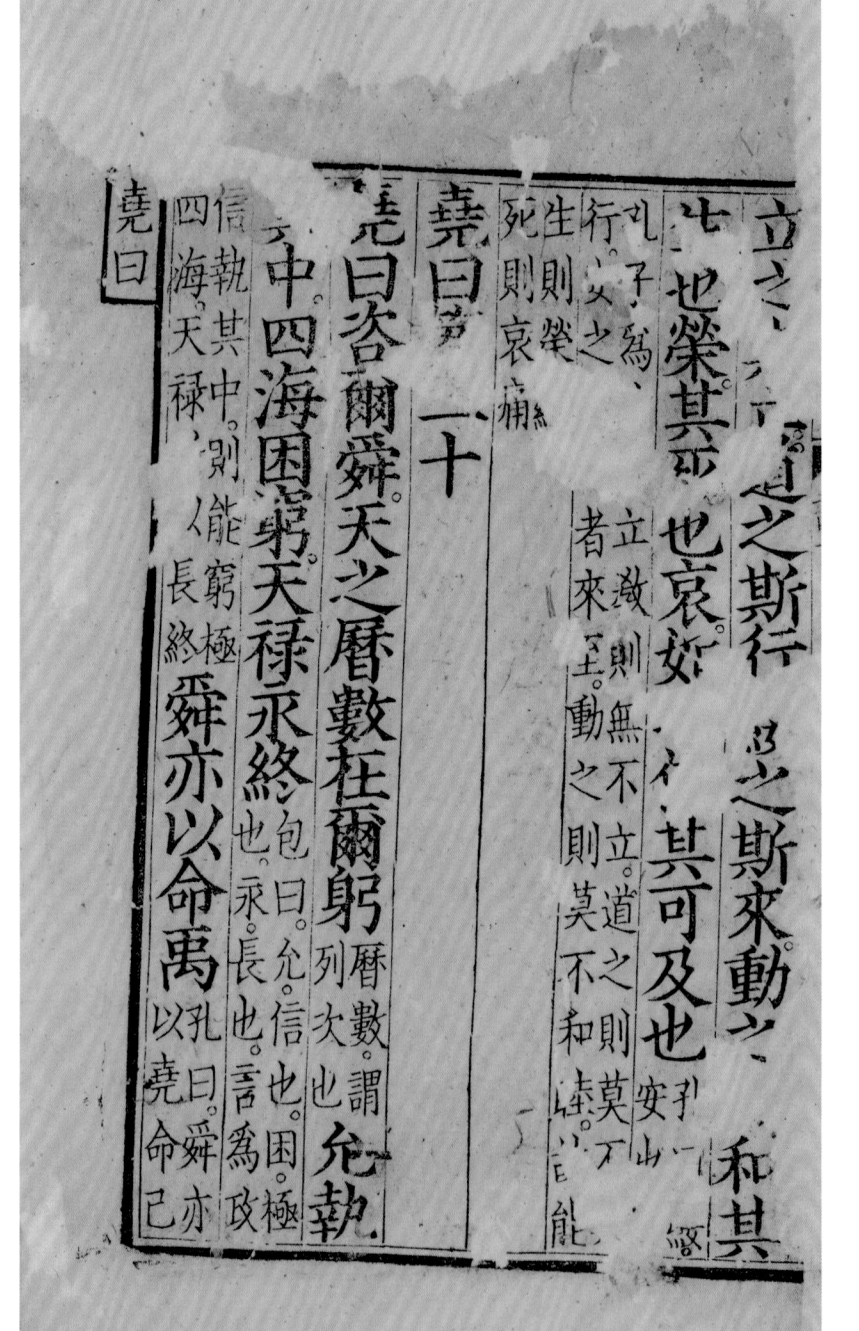

立之斯立，道之斯行，綏之斯來，動之斯和。其生也榮，其死也哀，如之何其可及也。孔曰：綏，安也。言孔子爲政，其立教則無不立，道之則莫不行，綏之則遠者來至，動之則莫不和睦，故能生則榮顯，死則哀痛。

堯曰第二十

堯曰：咨！爾舜，天之曆數在爾躬。曆數，謂列次也。允執其中。四海困窮，天祿永終。包曰：允，信也。困，極也。永，長也。言爲政信執其中，則能窮極四海，天祿所以長終。舜亦以命禹。孔曰：舜亦以堯命己

也

子張曰何謂五美子曰君子惠而不費勞而不怨欲而不貪泰而不驕威而不猛子張曰何謂惠而不費子曰因民之所利而利之斯不亦惠而不費乎王曰利民在政無費於財○費芳味反擇可勞而勞之又誰怨欲仁而得仁又焉貪君子無衆寡無小大無敢慢孔曰言君子不以寡小而慢之也斯不亦泰而不驕乎君子正其衣冠尊其瞻視儼然人望而畏之斯不亦威而不猛乎子張

四惡子曰不[…]人也。出納之吝[…]

不視

謂之

成謂之暴 馬曰。不宿[…]目前成[…]

賊 孔曰。與[…]無信而[…]刻期[…]謂財物俱當與人[…]之。此有司之任耳。非人君之[…]

有司

出 難

又如字 如字

孔子曰。不知命無以爲君 命謂窮達之分 扶問反

不知禮無以立也。不

言無以知人也 馬曰。聽言則別其是非也。 别 彼列反

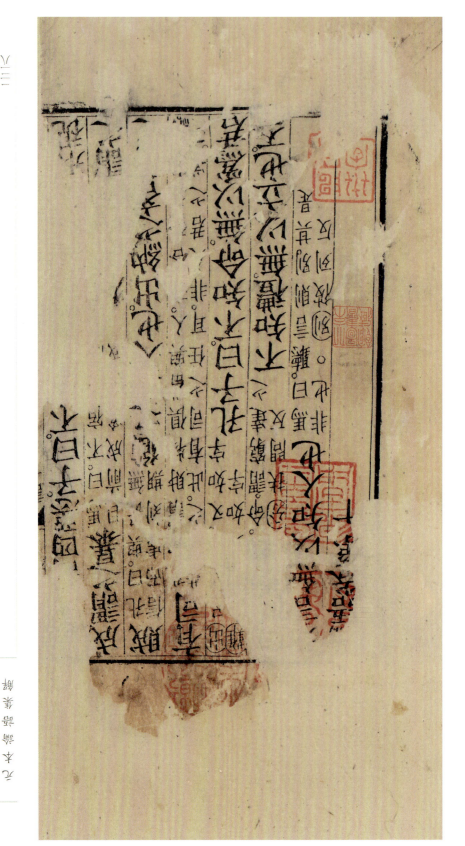

論語集解卷十

太上皇帝之寶